無目朝聖之旅

說走就走，管他去死

黃國瑋—小黃—著

目次

01

管他去死

台北 → 巴黎 → 巴約訥

- 今日公里數：不計
- 今日步伐數：閒散
- 今日海拔數：與人生處於同樣的低谷
- 距 離 目 標：779 公里
- 今 日 開 銷：杜拜機場咖啡 25AED、巴黎咖啡 4 歐元、地鐵票 11 歐元、高鐵票 76 歐元、巴約訥住宿 58.5 美元
- 今 日 收 穫：原諒，是最佳的減重方法

「你的大背包要上飛機，還是托運？」桃園機場地勤問，我望著四十八升的黑色背包猶豫不決。出發前已決定，朝聖路上，背包隨身，不托運，不寄送。然而，面對選擇時卻陷入優柔寡斷，如同置身森林裡的岔路，左轉還是右轉，才能遇見美景？內心掙扎：「托運較佳，輕鬆上路」；「不要托運，隨身攜帶」。地勤未聽到我的答覆，停下手邊工作，目光鎖定我，氣氛尷尬，我最終決定，「好，托運」，隨性地將背包投至輸送帶上，瀟灑通過安檢。突然驚覺一事，如遭雷擊。

天啊，手機竟然還在背包內！

這下糟了，家人囑咐，登機前必須聯絡報平安。入關後，尋找公用電話亭，卻無電話卡可用，商店尚未開門，試圖向陌生人求助，又怕尷尬，繞遍機場後，最終向服務台解釋情況，台灣人情味真好，他們同意暫借電話，解決這樁小插曲。

感謝之餘，我走去登機門的路上反思，「沒了手機，似乎就失去生活能力」，過度依賴某物，就像失去主導權，這是好事嗎？

我常容易擔憂，生活中開口經常先講萬一、如果、可能、我猜，「萬一失敗了怎麼辦」、「如果老闆不喜歡怎麼辦」、「可能他會不同意」、「我猜這件事情沒那麼簡單」，人腦像電腦，暫存檔滿溢，就算不當機，效率也低。剛上路就犯低級錯誤，蠢到兩手一攤，無語問蒼天，轉念想，也許老天要我這段時間清空雜念，改變心境。

朝聖之路，也是轉變之路。

「需要毛毯嗎？」從台灣到杜拜的轉機途中，一位阿聯酋金髮空姐詢問我身旁的男子。他皮膚黝黑，身形瘦小，臉部輪廓立體而剛毅。他轉頭給我一個疑問表情，「她問你需要毛毯嗎？」我幫忙翻譯，他恍然大悟，接過米色毛毯並說了聲謝謝，然後披在腿上。

沒想到微不足道的幫助，卻開啟一段對話，像生命中偶然遇見的風景，觸動內心。

「你要去哪？」男子問我。「朝聖之路。你呢？」我回答。「什麼路？」他好奇地挑眉問，我簡單介紹這條歷史悠久的療癒之路，起源於耶穌門徒的故事，吸引世界各地的朝聖者徒步穿越西班牙。而我選擇了「法蘭西之路」（Camino Francés），全程近八百公里。他驚訝地說：「我走不了八百公里，這次我到歐洲五十天，先去波蘭，然後再看要去哪裡，還沒決定。」

原來他沒計畫，沒目的地，也沒預訂住宿。他做了我不敢的事情。有時候，在人生的某些階段，「沒有計畫，或許是最好的計畫」。

我想到他英文不好，在歐洲怎麼旅遊？「管他去死。」他豁達地說。「五十天很長，工作怎麼辦？可以請假嗎？」我又問。「管他去死，」他斬釘截鐵，卻語帶幽默，「我辭職了，反正過段時間就要出國走走。」「你是做什麼的？」我好奇，「油漆工。」他微笑。

「管他去死」，四個字如雷貫耳，讓我在機上沉思，平日裡，我生活得太過謹慎，連外出吃飯也要查谷歌評論，生怕踩雷，但這種「還沒吃飯就擔心」的態度，像活在公式裡，最終得出的答案千篇一律，沒有波瀾漣漪。

常在工作中，計畫還沒執行，結果也沒出來，我就在做「最壞打算」：「萬一失敗怎麼辦」、「主管可能不會高興」、「他肯定有意見」、「我該如何善後」、「工作太多，做不完」、「目標設得太高，我想放棄了」、「改來改去，真煩」……。

擔心太多而無法專注當下，然後對未來期待，也容易對眼前事物嫌東嫌西，但人生不是拿來嫌的，而是拿來「體驗」，我太會拿過去，比未來，拿別人，比自己，越比越糟，預支恐懼，長此以往，發展成習慣性的迴路，負擔滿出來，扛也扛不住。

上餐館踩雷又如何？沒嘗過清淡，要如何對比濃郁；不曾生病，就不知道健康；沒有悲傷，哪能感受喜悅；沒有錯過，哪能知道什麼是對。許多生活中的「相對」是給人們體驗，最後走向美好終點。說穿了，最大的詛咒是每日活在恐懼裡，走不出去，原地踏步。

「管他去死」，意味著把主導權拉回自己，不受外界影響。「自己的生命，自己做主」「對於外界碎語，管他去死」。沒想到在一萬英尺的高空中，狹窄的經濟艙內，簡單的四個字如同雷擊，喚醒我「隨遇而安」的心態，他無計畫的歐洲之旅，隱含「說走就走」的勇氣，示範輕鬆放下的生命哲學。

朝聖之路才剛開始，我就有收穫，我從來都不會的，一個素未謀面的油漆工教會了我。

原諒，是最好的減重方法

因緊張而稀裡糊塗地把手機放進登山包托運，幸好飛機上有高人贈四字真言，令我學會放寬心。在杜拜三小時轉機，也成「人生轉機」，讓我開始關注外界，而非僅僅是眼前的小機器。

一件事情，原以為是如臨深淵，換個想法就變冰雪奇緣。

飛行萬餘公里，最終抵達法國巴黎戴高樂機場。旅客如龍，望不到盡頭，通關處僅有兩人核章，效率頗低。我耐心等待卻又開始擔心，因為手機放在背包側邊，只由一層薄薄的零錢袋保護，擔憂行李在移轉時受損，或高空中行李艙的溫度與壓力變化導致手機故障，如果手機壞了怎麼辦？

腦海總是喧嘩不休。

通關後，領回登山背包，心情忐忑不安，打開拉鍊取出手機，輕輕按壓側邊按鈕，慶幸地發現一切正常！我感到內心煙花爆炸，彩帶飛舞，事實證明，大部分的小劇場不過是自找煩惱。

按照路線，準備搭乘輕軌、地鐵、火車前往巴約訥。到了輕軌月台，還未來得及查看指示，就見到一群人匆匆登上即將開動的列車，我本能地迅速跟上。車門剛關閉，心中暗喜時間剛好。隨後查看車廂內指示，發現方向錯誤，剛剛暗喜個屁。

我想人們之所以害怕成為異類，習於從眾，即便是走錯方向，也不願意與眾不同，因為我們害怕「不一樣」。

下一站下車，換乘對面列車，再從輕軌轉乘地鐵，前往當費爾－羅什羅站（Denfert-Rochereau）。買了車票，試圖通過票閘機時卻無反應，旁邊一位法國帥哥見狀主動幫我，原來是票孔故障，換個閘門即可通過，我向他道謝，然後前往巴黎蒙帕納斯站（Gare de Paris-Montparnasse）。

在法國罷工抗議期間，許多事情陷入停滯，鬧得沸沸揚揚，多數火車停運，打亂旅客的交通計劃。但幸運女神眷顧，我並未受到影響，成功坐上火車。望向窗外美景，綠草茵茵，寬廣宜人，感歎歐洲對自然的崇尚與亞洲截然不同。抵達巴約訥時已是深夜，街上無營業商家，只剩下幾間小酒館，我前往火車站旁的下榻處入住。

接待我的是一位銀白灰髮色的大叔，名叫法蘭西斯（Francis），身上有些酒氣。我出示 Agoda 的預訂證明和信用卡記錄，說明已支付五十八美金。法蘭西斯看了一眼電腦後，回應說尚未付款。「怎麼會呢？」我感到焦慮。於是拿出手機展示網頁證明，他再次檢查，依舊搖頭，我感覺到他的酒氣，評估繼續耗費時間溝通可能無效，無奈之下掏出信用卡重新支付。

進房後，心情懊惱，旅程剛開始就損失五十八美金，換算成歐元，足夠我在庇護所住上好幾天。洗漱後，我回到櫃台，打開電子郵件和ＡＰＰ，試圖讓法蘭西斯確認支付記錄，但他的酒氣比之前更濃，也不太說英語，揮了揮手，表示明早再處理。我想到電影中法國人高傲的形象，內心湧起一股憤怒。

翌日早晨，我再次詢問櫃台，這次是一位鎖骨刺有蝙蝠圖案的女性，渾身散發著濃厚的文藝氣息。我向她解釋昨晚的情形，希望能拿回被多扣的房費，「真的沒有記錄。」法國女士說。「好，謝謝你，請問早餐需要多少錢？」我放棄追問了，「十一歐元。」她回答。

我走向咖啡廳，倒了一杯熱咖啡，望向窗外冬末的巴約訥街頭，坐下來沉思，不愉快的情緒開始燃燒，但油漆工的話突然浮現腦海，像是伏筆，等待情況發生，看你如何應對旅程中的損失。我決定打開心扉，「管他去死」，選擇原諒和放下。

「嗨，十一歐元，早餐費。」我愉快地支付給法國女士，「等一下，不要走，我找到問題了，我們多收你一晚的費用，」她說，「昨晚同事以為你要住兩晚，可能有誤會，我退費給你。」

驚喜，在原諒之後發生。

沒有懊惱，就不會驚喜；沒有損失，就不會放下；沒有給出笑容，對方也不會回報禮貌。這一夜讓我明白，事情是中性地，你的世界變成什麼樣，全憑你如何看待，「世界是一面鏡子，照出你的心緒」，無論如何，你永遠有選擇。

原諒，是最好的減重方法。把多餘的情緒都丟掉，輕鬆自在。

02

我要出去走走

巴約訥

- 今日公里數：不計
- 今日步伐數：閒散
- 今日海拔數：從人生低谷爬起
- 距 離 目 標：779 公里
- 今 日 開 銷：早餐 11 歐元、車票 11 歐元
- 今 日 收 穫：或許你需要先放棄某些東西，才能獲得新的東西

二月的巴約訥，氣溫低於五度，河岸邊海鷗飛舞，陽光如金粉般灑落，尼夫河面波光粼粼。我鑽進城市街角的小巷中，街上的旅客背著大包小包，悠閒遊覽，欣賞城市。在這裡，時間與台北不同，節奏和緩，我開始與自己對話。

我不知道，我想要什麼。

二〇二三年初，阿嬤往生，小時候跟她一起做鑰匙圈，像玩具一樣的腳踏車造型，她批貨回來組裝，我也幫忙，三秒膠常把手指頭黏住，只好去找大人求救。我們拉小推車到公園裡賣，在我記憶裡時光雖久遠，卻從未過去。

家裡經濟條件不佳，房子很小，三餐粗茶淡飯，大人們奔波張羅生計，我無人管教，成了鄰里間「最野的孩子」。五歲一個夏日午後，我在外面玩耍後回家，粗魯地脫下衣服，在空中甩舞，衣角恰巧勾到熱水壺，沸水噴灑上身，我感到皮膚和肉分離，又癢又痛，一抓，一大片皮膚脫落下來，撕心裂肺！

我胸口、手臂和大腿根部的皮膚，就像滾水汆燙小卷，皺擰腫脹了起來。那一刻，我感覺自己的身體「熟了」！嚎啕大哭，難以止息，驚擾鄰居紛紛在紗窗外顛腳探視。

按照舊時迷信，阿嬤急忙地拿出冰箱裡的東西替我敷上，比如醬油、雲南白藥。送去急救時，醫生斥責為什麼塗抹這些，但看見兩老無辜的神情，他未再多話，專心治療我身上多處的二度灼傷。

九〇年代的加護病房，每天醫療費用高昂。我記得很清楚，雖然是自己不小心導致燙傷，但有一天，病房內電話響起，平時只說台語的阿公，特地練習國語，從電話那頭說：「國瑋，對不起，我不應該把燒開的熱水放在你能碰到的地方。」

第一次聽阿公說國語，咬字和腔調既陌生又熟悉，我驚訝地忘記身體的灼烈感，腦袋一片空白，阿嬤接過電話，問我還痛不痛，想吃什麼？掛上電話後，我更自責難受，在不應早熟的年紀裡，第一次體驗人生滋味，躺在病床上掉淚，怕驚擾鄰床休息，便用棉被掩住臉，悶住哭聲，試圖不讓別人聽見，那年，我五歲。

後來我和祖父母分開住，對他們的關心逐漸減少，我很不孝順。國三時，阿公吃完晚餐後突陷昏迷，被緊急送往醫院。我問大人，阿公當時是否感到痛苦。大人們

「翻譯」醫院的話，說他像是睡著了，不會痛苦。

我去加護病房探望，看到他的手很腫，呈現黑黃色，好陌生認不出來。我輕輕握著他的手，看著滿是皺紋的臉，感覺不到絲毫生機。我知道，只要拔掉維持生命的儀器，他的生命就到這兒了。

這次換我跟他說話，「阿公，我希望你不會痛，這一生你是個很棒的人喔！」幾天後，阿公離我而去。

再後來，我因工作赴外派駐，工作繁重，回家的次數更寥寥無幾，給自己的藉口是「工作太忙」、「沒有時間」。某天傍晚，接到家人電話，說阿嬤走了，當時我正坐在公園的長椅上，沒有哭，沒有起身，只是發呆，靜靜地望向遠方，坐了很久很久。

我沒如預期中那樣崩潰，反而陷入深深的沉默中，在那個世界，我無法原諒自己。我知道人生不會重來，所以更加安靜不說話，僅是深呼吸。可我相信，沒人會真正死去，只是換個地方體驗，久別重逢的奧祕。

多年來，我逐漸變得麻木，有體無魂，對什麼都無感。在社會上，逼自己努力達成別人期待，對任何事，點頭說是，面對指責，委屈吞肚裡，回到家沉迷在手機上，反覆觀看網紅影片，越看越空虛，所謂「活死人」大概說得就是我，日復一日。

我覺得生命像一隻慘白的骷髏爪，緊掐著我的咽喉，窒息感極重。

我問自己，為何人終其一生追求財富、名聲和地位，死後卻歸於塵土，能帶走什麼？在社會上，充斥各種逢場作戲，阿諛奉承，心機算計，面對他人惡意，最好的方法是忍氣吞聲？如果人生是為這些存在，終極意義是什麼？活著的目的到底是什麼？

我渴望改變，但不知怎麼改變，想多做什麼，卻不知能做什麼。我感到自己既無專長，也無興趣，對未來的方向毫無頭緒。我越來越討厭這個世界，討厭所有人，更討厭自己。我感到生活乏味至極，一無是處。有時會浮現絕望的念頭，覺得「死掉算了」。

同年，我大膽選擇裸辭，拋棄一切，毫無退路。在四十二歲的年紀做出這個決定，我不知道該說自己勇敢，還是愚蠢，又或者是逃避生命。

管他去死，我要出去走走。

宇宙訊息

離開年薪百萬、步步高陞的工作，整日無所事事，每天必做地，大概是走進咖啡店點杯咖啡，與時間一同靜坐，觀察窗外人來人往，風起葉落，沉思怔忪，感受生命一點一滴逝去。

我不確定下一步何去何從，但人生是不是「先發生什麼，隨後才會觸發什麼」？就像一連串相互關聯的任務，比如辭去工作後，一位十年未聯繫的朋友突然發來訊息，邀約見面，究竟是什麼風把他吹來？

如果是以前，因工作時間，我或許難答應邀約，反倒如今空閒卻讓我有機會探索另個世界。我無法解釋這一切，只能歸類為「宇宙訊息」，待你轉變人生劇情，好戲上場。

朋友名叫麥可（Michael），擁有高大的身形，和藹的面相，爽朗的笑聲，他攜帶著美麗孕妻來赴約。儘管久未見面，但因投緣使很快親切熱絡起來。麥可建議，「你應該去走一趟朝聖之路，我不久前剛走過，你現在有時間，正值冬季，路上人少，我是從西班牙的萊昂出發，一路走了好幾百公里，遇到了許多難以置信的故事。」朋友細數路上趣聞時，我靜靜聆聽，眼睛瞪得像銅鈴一樣大。

世界上竟然有如此傳奇的一條路？

走朝聖之路最大的挑戰，就是「決定」這一步，會因各種擔心而猶豫不決，裹足不前。然而，從決定、準備到出發，我只花了約兩三週時間，可謂迅速如「閃電」。我參加「修女也瘋狂」的座談會和群組，聽過來人尚志、小凱等人現身說法，熱心叮嚀，讓我倍感激動，隨即上網訂購機票。

西班牙冬季寒冷嚴酷，查詢實照，看到蒼雪覆蓋一切，甚至有朝聖者因大雪受困需要救援，這一切都讓我更加興奮。冬日朝聖之路資訊好少，多數人是春夏秋行，入冬後朝聖者數目銳減，果真如「冬藏」之意，恰巧符合我心，「走入無人之境」，去釋放、吶喊、或者「找自己生命答案」。

平時都待在辦公室，身為一名登山新手，肌耐力不夠，一天走不到一公里，怎麼挑戰每日動輒二、三十公里的路程？最關鍵的便是負重，需「克克計較」。

冬季衣物厚重較難取捨，我只攜帶羊毛內衣褲、羊毛襪、中層保暖棉衣、長褲皆各兩套，一套穿著，一套洗滌，還有一件防雨外套、圍巾、羊毛帽，這就是我全部行頭。其他如快乾毛巾、個人清潔用品、藥品、頭燈、小型吹風機、錢包、必備文件（護照）、登山杖、小型冰爪，總重超過十一公斤。

我原以為自己能夠輕鬆負擔，沒想到才背上背包，在城市中閒逛就感到沉重，導致我背部舊疾復發，只能勤做伸展，抑止疼痛。想起過來人說，行囊的負重最好不超過體重的十分之一，真是不得不聽的智慧。

「也許你得先放棄什麼，才會獲得什麼」，中年裸辭後，十年未聯繫的朋友，突然敲門而至，替我點亮前程，「人生是不是一場精心安排的劇情片，而編劇、導演、主角都是自己」，不禁在想，如果我繼續原有狀態，朝聖之路的訊息還會找上我嗎？

我非常期待自然荒野中的一草一木，雪原上冷冽的氣息，紅土上綿延的足跡，陌生的異鄉人，那些隨意卻深刻的哲思，以及遇見全新自我。如果將期待之情比作股票，那麼分分鐘都是漲停板。

我迫不及待要踏上這場奇蹟之旅。

03

不要期待，不是比賽

巴約訥 → 聖讓－皮耶德波爾

- 今日公里數：不計
- 今日步伐數：16,571
- 今日海拔數：不計
- 距 離 目 標：779 公里
- 今 日 開 銷：轉接頭、香蕉、柳橙汁共 12 歐元、小火車 11 歐元、晚餐 7 歐元
- 今 日 收 穫：你若勇敢，上帝給的任務不一樣

在巴約訥等候小火車時，看見一位約二十餘歲的年輕人，頭頂著深藍色毛帽、刷毛上衣、牛仔褲，家人從旁攙扶，步履蹣跚，也許是小兒麻痺患者，一跛一拐地走路，繞圈而行，像在運動。我每次看到這種場景，腦中總會浮現問題：為什麼有人一出生就這麼艱苦？我聽見內心回音：「因為他比較勇敢，所以上帝才給他這個任務。」

他的存在教會別人培養耐心與信念，他像一堂課，使周圍的人學會愛心，這是帶得走的生命特質。如果給你選擇，是否願意扮演此角色，以終身不便為代價，教會大家愛，你願意嗎？這樣你就能理解他多麼勇敢，而在你的生命中，一定也有人犧牲自己來陪伴你學習，只要你細心留意。

進入月台候車，當日天氣美好，遠處正駛來一列火車，我檢查電子屏幕資訊，確認並非要搭乘的班次，於是安心等待。在月台閒逛，時間一分一秒流逝，發現火車停留許久並未啟動，屏幕更新顯示將再延遲十五分鐘。我複查，發現沒有前往聖讓－皮耶德波爾的列車，而此時月台上已無其他旅客，只有我一人。突然，車長走向我，詢問是否前往聖讓－皮耶德波爾，我說是，他便示意上車。

上座後，我反覆思考究竟哪個環節出問題，我看錯班次資訊，還是列車狀況有所改變？事後回想，我非常感謝上帝，這延誤彷彿是「等我上車」一樣，否則下一班需再等五個小時。換個角度想，其實生活中的每件小事都值得感恩。

終於抵達聖讓－皮耶德波爾，火車站紅頂白牆，小巧方正，經典歐式風情，非常吸引人。抬頭望向天空，宛如無際的水晶穹頂，上帝剛細心擦拭過，顯得清澈閃亮，彷彿定睛就能看見銀河！出了車站，看到路中央立著指示牌，顯示方向。雖然我有些路痴，但看到一位背包客沿著街道前行，我決定跟上去。

在翠綠山巒的小鎮中，沒有摩天大樓，隨意遠眺，都能欣賞到蒼翠隆起的山脈，上頭覆蓋瑞雪，令人心曠神怡。踏上主街的古樸石板路，一幢幢紅瓦白牆的民宅座落其間，這座著名的法國小鎮，便是「法蘭西之路」的起點。老街混和商店和歷史韻味，我打開導航找庇護所，比想像中容易多了，原先的擔憂煙消雲散。

庇護所大門是一塊厚重的黑色實木，略微滄桑而神祕。推開門進入後，看見走廊左側白牆上的大面積塗鴉，描繪沿途知名教堂，讓人幻想徒步風光。走進室內，四周空無一人，只有石牆和木造構成的特殊氣息瀰漫。按了服務鈴，細尖的聲音穿透空間，迴響不已，一位披著藍白色圍巾的氣質大叔走了出來。

庇護所的主人叫艾瑞克（Eric），身上有濃厚的書卷氣。我本以為他會先寒暄，但他的表情嚴肅而專注，「我現在要說的，非常重要，你記住。」他指著我，我以為他要講庇護所規定，又擔心自己英文程度不佳，所以聚精會神，深怕遺漏細節。

「走在路上，不要期待，不是比賽，不要計劃。」他調整一下黑色膠框眼鏡，「我再說一遍，不要期待，不是比賽，去尋找你自己，認識那個本就存在的你。只管走路，無論遇到什麼，接受它！當身體告訴你該停下來時，就停下來，不要繼續走，回家，這就是聖雅各之路。」

「不要背負過重，路上買的食物儘快吃掉，別囤積。越是輕裝上陣，你能走得越遠，人生也是如此，」他稍作停頓，「我走過的那次……算了，挺糟糕地，沒什麼好分享。」艾瑞克低頭審視我蒼白的朝聖者護照，我還沉浸在他的話語中，無法言語，空氣中充滿原木香氣。「我來這之前，在巴黎有份不錯的事業，有一天有人問我，你快樂嗎？」他說。

最簡單的問題，卻也最難。

「管他去死，我辭職了，結束一切，然後踏上聖雅各之路去思考人生，我是誰，我想要什麼，快樂是什麼，然後現在我經營著一家庇護所。」突然想起，上一個跟我說「管他去死」的是油漆工。

「那你現在快樂嗎？」我好奇，「噢，當然。」伴隨爽朗笑聲，以及一張真實自在的表情。「艾瑞克，我覺得你像本書，富含哲理。」「不，這些都是過來人說的，去吧，去聽你的聲音，無論走到哪裡都好。」話音剛落，他蓋下第二個章。能傳承的必是智慧，何況這條路的哲思已流轉千年。

「明天你上路之前，我可能不在這裡了，Buen Camino（一路平安）。」艾瑞克的微笑中帶有一種魔力，讓旅人對未知的路途稍感安心。

我回到房間沉思，「不要期待、不是比賽」八個字在心中迴響，回顧人生前半程，我常做了某事就滿懷期待，如果回報不如預期，就感到失望痛苦，循環往復。可，若每次付出是為了想得到對等回報，這個念頭是否就埋下痛苦的種子？

更不用說，從小我們處處比較，從外型、個性、成績、學歷、經歷、薪水、住宅區域、穿搭品牌，乃至父母或伴侶，什麼都能比，比也比不完，我們讓自己活在「數不盡的比賽」裡，得不到第一，乾脆躺平，得到第一，也很空虛。

我該做的，就是順流與臣服，瞭解人生是一條路，只有我一個人走在途中，沒有別的觀眾，沒有別的對手，因為不是比賽，就算是，也是自己與自己的較量，沒有其他人。我打開背包，再次複誦艾瑞克的話，重新檢視，捨棄小腳架、吹風機、小冰爪等物品，由於全新，我用紙袋包好，附上英文說明，放在庇護所客廳桌上，供人自取，我的負重下降至七公斤，感覺輕鬆多了。

負重越輕，走得越遠。

庇護所內空無一人，出發前我已知，西班牙的冬季是個冰霜世界，一路上幾無人煙，正合心意，我想要獨自靜靜。我前往當地超市購買三明治做為晚餐，氣溫近乎零度，我坐在庇護所的廚房裡，吃著冰冷的時蔬三明治，百無聊賴之際，一位韓國女性推開門走進來。

因為不可能，所以我在這裡

「我以為只有我一個人。」她首先打招呼，身上穿的外套，正是我想買的同一款，因此加深印象。「你叫什麼名字？」「國瑋。」我回答，「Like Go Away?」她的英文雖略帶韓式腔調，而我中文名的英譯音卻有滾開之意，瞬間兩人大笑。此後我逢人都這樣自我介紹，變成朝聖之路上的小名。

「妳一個人來走聖雅各之路？」我問，「我住加拿大，是朋友找我來的。但訓練時，你知道的，上路前總擔心走不了幾百公里，所以會在家附近走走看。結果她放棄了。我找先生一起來，在家鄉訓練時走五公里，他也放棄了。」她解釋。

我想這次，是宇宙要妳一個人來。

「第一天到巴黎，火車班次被取消了。你知道他們正在罷工嗎？行程大亂，什麼都不能做，只好找個旅館先住。我老公說，為何不好好旅遊就好，幹嘛去走那麼長的路。我女兒要我去看巴黎鐵塔，好好血拚，他們不瞭解我。」她看著室內蒼白的天花板。

「妳叫什麼名字？」我好奇。「星光（Starlight），我爺爺取的名字。」「那妳怎麼會走上聖雅各之路呢？」「我的腳不行，很痛。」她大概講了一個醫學名稱，我聽不懂。「我的肩膀也不好，身體很多問題。因為走朝聖之路，對我來說，看起來不可能，所以我在這裡。我還想去挑戰波士頓馬拉松。」她再度看向天花板。

「你怎麼不問我幾歲？」她好奇，我還沉浸在那句話，「因為不可能，所以我在這裡」。「我六十一歲，女兒三十多，還有兩個孫女。你知道鮭魚嗎？產子後會回到出生地，所以我想回韓國。」微笑交談的表情下，我閱讀到她對人生的堅毅，看似有些不適，但沒有准許自己放棄。六十一歲的她獨自上路，像是人生的第N次叛逆期。

每次叛逆，都會收穫，因為你在逆流。

「我到巴黎後，買了這件外套，拍照給老公看，他說看起來容易髒，我說在路上，衣服每天都要洗，沒有關係，他說要給我錢去買別件。」她仰天笑出來，又好像不是笑，「我要錢幹嘛？」她話中有話。「我會打呼喔，我先說。」

已知一路上都是鼾聲，朝聖之路上你不需要鬧鐘。

「艾瑞克有跟你說這條路上，不要期待，不是比賽，不要計畫嗎？」「有，但你還是需要計畫的，現在不是夏天，而是冬天，有些庇護所、餐廳都沒開，請問你要住哪裡？」星光帶點不置可否的語調和表情。

果然，每個人的聖雅各之路都不一樣。

「昨晚我打呼很大聲嗎？」隔日一早她問。「不會。」我撒了路上第一個謊，徹夜難眠，主因應是時差，對每個亞洲人來說，剛踏上朝聖之路的前幾日，都是考驗，一來是長途征程的體力，二來是隱隱作祟的時差。

不到七點，清晨天色像沒化開的濃墨，星光按照計畫與規律，早早出發。我陪她走到庇護所門口，目送她離開。「Go Away，你知道朝聖路上，有些人離開了，一輩子不會再見嗎？」她回頭問，「我們會一起抵達終點。」我微笑看著她，然後目送她的背影，逐漸隱沒在尚如夜色的街道盡頭。

04

分身

聖讓－皮耶德波爾 → 龍塞斯瓦列斯

- D1 -

- 今日公里數：25
- 今日步伐數：38,619
- 距 離 目 標：754 公里
- 今 日 開 銷：午餐 5 歐元、庇護所與晚餐、隔日早餐共 27 歐元
- 今 日 體 驗：意志力是生命的彈性

送走星光，回房重新檢視攜帶物品，將房間恢復原狀，攜著背包到廚房煮杯咖啡，拿至庭園裡喝，鄰房炊煙繚繞，遠方溪流悠悠，鳥鳴和諧，氣溫雖寒，但未降雨，晨曦逐漸明媚起來，我心雀躍，有種真假難辨、如夢似幻的感受。我真的要開始踏上朝聖之路了嗎？

早上八點半，我正式上路，走到主街的石道上，沒有其他朝聖者。天才蒼蒼亮起，彷彿太陽還在賴床，兩旁商家緊閉冷清，街上只有我一人。打開手機自拍一張，影中的我，表情雖有笑容卻潛藏迷惘，對未知擔憂，害怕自己能否完成路途，所以嘴角幅度似笑非笑。

上路後觸目所及，上帝的調色盤揮灑出西班牙北部原野，有秋紅、冬褐、春綠、五光十色，空氣中瀰漫青草、花朵、家畜與牛糞混合的自然氣息，風拂過，吹散心中的城市雜念，每走一步，眼前都是無價風光。

我在路上不斷停下腳步拍照，一個灰色短袖棉褲男子經過，「你在休息嗎？」他看著我，「是的。」我搭腔，他或許覺得我莫名其妙，哪有人才剛開始就在休息。其實我是捨不得離開這美景，爭分奪秒都想拍攝下來。「Buen Camino（一路平安）。」他說，然後離去。

走在路上，迎面而過的陌生人，都會望著你的眼睛，對你說句 Buen Camino（一路平安），表達心意，希望你一路上所遇皆好。發音簡單，聲調起伏卻蘊含著陌生人的無限祝福。自此，我走在路上只要見到人，我都對他們說 Buen Camino（一路平安）。

我走到第一個補給點，沒停下腳步採買，天真地認為一壺五百毫升的水足夠。但見到那位灰色短袖棉褲男子從商店走出來，蹲在地上整理物資，旁邊有另一位朝聖者，一頭金色捲髮，五官精緻。我心想，今天路上只有四個人嗎？走著走著，未發現指標，難道迷路了？

因為朝聖者剛開始總沒耐心，覺得指標要時時出現。其實你一直在路上。

「我想是這個方向。」灰色短袖棉褲男子從我身後出現。「你叫什麼名字？」他問。「國瑋，Like Go Away。」我重複那個笑話，他笑了出來。兩人並肩而行，除了公路外，四周盡是綠意盎然的山林。他自我介紹：「我叫大衛（David），來自澳洲，這是我第二次走，第一次是與老婆的蜜月之旅，她從第一天罵我，罵到最後一天，她說別人的蜜月是享受，她卻是走不完的路，很想死！」他的笑話更好笑，帶著悲慘。

大衛接著說：「我做過跨國商業管理，最近一份工作是在政府部門，一場選舉成功後，我就辭職離開了。我不喜歡那個環境，我告訴太太，得再來走朝聖之路，太太舉白旗投降，不願再走一遍，所以我獨自上路。我有三個小孩，分別是八歲、六歲、三歲。」

未曾想，會在路上遇見一位年齡與人生故事雷同的人，堪稱分身，只是一個在澳洲，一個在台灣。我心想，大衛有下一步的打算嗎？

「沒有，回去再說。有時候，你放棄一切，才能找到自己。」他說。

我在路上思考，六十一歲的星光，她的腳、腿都不好，腰部傷勢開過刀，靜躺在醫院一個多月，她現在走到哪裡了？結果在上坡轉角看到一件醒目的黃色外套。「星光。」我喊她。「你也走得太慢了！」她大笑。「這是大衛，這是星光。」我幫忙介紹，兩人點頭。大衛不想停下腳步，打了招呼後就離開了。我和星光到瓦卡洛斯（Valcarlos）的咖啡店吃午餐。

「Go Away，這包咖啡粉給你。」坐定後，星光從包包裡拿出來給我。今天上路前，星光拿出一罐咖啡粉自行沖泡，稍解咖啡癮，但為了減重，捨棄瓶裝，用小塑膠袋分裝幾包。我正好奇觀察，每個人如何減重的心思時，星光說：「這一包包咖啡粉，不是要給你的，別誤會。」我一臉尷尬，因為我只是在想「克克計較」。

沒想到一段路程後，星光再次見到我，將她分裝好的咖啡粉分一半給我。塑膠袋封得很緊，咖啡的香氣卻隨著她的善意飄進心裡。

「你的背包看起來很大，我刻意買了小一點的背包，少裝東西。」星光對我說。走朝聖之路的人對負重相當在意，細微到以克計算，她把牙刷換成電動牙刷的前端、雨傘的木製柄頭拔掉了，可以插在背包上。那件黃色外套，她剪去袖子的兩端變成背心。

「妳好像藝術家，發明很多東西。」我笑。「我是實務者。」她糾正，語調堅定有力。她伸手進背包，取出兩塊黑色的扁平岩石給我看，外型像張紙，上頭用白色筆寫下家人的名字。在聖雅各之路上，有個著名景點叫「鐵十字架山」（Cruz de Ferro），許多人到這裡，會將寫上心事的小石頭、松果留在此地，象徵心願達成，我猜到她上路的原因了。

實務者星光看了一眼手錶，「Go Away，我要先走了。」表情似乎在計算剩餘的路程。「好的。」我還很悠閒地繼續喝著熱咖啡，坐在法式風格的咖啡店內，享受著爐火的溫暖，難道只有我不知道，大難將要臨頭了嗎？

法蘭西之路的首日行程，堪稱「震撼教育」，通常讓朝聖者叫苦連天，要從聖讓－皮耶德波爾至龍塞斯瓦列斯，長程約二十五公里，須從海拔一百七十公尺攀至首日最高點一千四百公尺，再下降至九百五十公尺左右。

春夏秋季的大魔王路線需翻越庇里牛斯山（Pyrenees），山中天氣變幻無常，考驗旅人毅力。常有人未注意到溫度變化，在山中失溫，不得不呼叫救護車。而在冬日，小魔王路線雖然不需征服山頂，卻也要登至上千公尺高的地方，克服嚴寒和冰凍低溫。

此外，對首次挑戰的朝聖者來說，他們必須面對時差困擾，判斷距離的誤差，以及無法適當掌握「飲水量」，一旦進入山區後，將無法獲得補給，全程僅有大自然作伴，一旦用盡水源，就真的沒有水了。因此，不少人在前幾天因身體出狀況而「萌生退意」。

二月的西班牙，冬季的山中積雪深及膝腿，陽光照耀下，雪地反射出金絲絨般的光澤，森林像是一幅綠白相間的畫，四周杳無人煙。我捨不得邁開步伐，在這片曠野上，可以見到放養的駿馬、肥豬、奶牛和羊群，偶爾會有小狗陪伴，甚至看到小蛇在地上蜿蜒前進，空氣清新而澄淨。

這是我生命中首次完全被自然荒野環繞，回想不起上次親近大自然是在何時。每走一小段路，都想停下腳步拍照，後來才明白，有時美麗景色其實是個陷阱，讓人走走停停，不知不覺間消耗體力，延長到達庇護所的時間。我輕鬆走過第一個十公里，完全沒意識到，惡夢即將開始！

路途引領我進綿延的山脈，望向遠方，沒有盡頭。行進中，我變得極度口渴，拿起水壺發現竟然空了！坡度越來越陡，每一步都陷入雪中，體力被大量消耗，呼吸節奏完全打亂，心中充滿雜亂思緒，氣溫零度，我非常渴望喝水，漸漸地，甚至無法控制身體，腦海中唯一念頭就是「周圍怎麼一個人也沒有，沒有任何房子，我想求救」。

嘴唇乾裂，鼻涕直流，上半身包裹在衣物中不斷出汗，但接觸到空氣的部分卻冰冷刺骨。後來我粗略估算，大概有十公里左右的路程沒有水喝，體力耗盡時，我丟下背包，大字型躺在雪地上，想起油漆工的話「管他去死」，然後望向身旁的雪堆，猶豫是否要吃雪解渴，或者用瓶子去未結冰的溪流裝水？

最終擊敗我的，不是登山，而是缺水！每走幾步，我都期盼著在轉彎處能夠看到一個水龍頭，即使是生水，我也願一飲而盡。突然間，我想起在瓦卡洛斯的咖啡館裡，星光給我一顆小橘子，當時我想要這個橘子做什麼？沒想到，這顆小橘子成了當下唯一的水分。

人生裡許多事情，你以為是累贅，結果可能是解藥。

我用凍僵的手指，小心翼翼地撥開橘子皮，就怕不留神，整顆橘子掉地上。吃下果肉時，感受橘子汁在口腔內、食道間滑順的感覺，然後用溼潤的舌頭抿了抿乾裂的嘴唇，我對自己的身體說，請你堅持！

西班牙的冬季，日照時間不長，下午五時許，夕陽如同急著回家的上班族，火速打卡後便手刀離去。蛋黃色的陽光宛如照明彈，雖然下沉的速度不快，但不經意間就消失無蹤。氣溫猶如溜滑梯急遽下降，此刻，時差的影響更加明顯，我極度渴望睡覺。於是我再次扔掉背包，躺在地上放空自我，直到寒意籠罩全身，迫使我起身前進。

所有克服了大魔王與小魔王的人，請收下我的膝蓋。

穿梭於樹林間，隱約看到一間綠簷白牆的房子，覺得自己得救了，心中充滿喜悅，渴望去敲門，祈求得到水喝。這段覆蓋霜雪的道路相當陡峭，必須謹慎行走，確保每一步都踏實，我深深插入登山杖以防滑倒。荒郊野嶺受傷了，肯定非常麻煩。我跌跌撞撞地走到門前，敲敲門，卻沒有回應，再敲，只有空蕩蕩的聲響，這才發現門已上鎖，裡頭無人。

希望的背後，是絕望。

我已神智不清，分不清眼前的路徑，慢慢步向公路，只覺得公路沿山而建，白雪覆蓋了大片土壤，除了灰色的柏油路面外，其餘皆是一片雪白世界。薄霧輕拂，似煙一般瀰漫在森林中，眼前如同仙境，而身體卻處於地獄。

突然有台車駛過，駛離百公尺後逐漸停下，車尾亮起白燈，慢慢倒車至我身旁。車窗降下，一位戴著墨鏡的西班牙帥哥對我說：「你還好嗎？」做為台灣人，我總是不好意思麻煩他人，便比個大拇指手勢回應。他離去後，我落淚了，一方面是對他的善意深深感動，另一方面是因為我實在不好。

我傳訊息至「修女也瘋狂」群組詢問水源，許多山友、前輩，在台灣時間深夜裡越洋打氣，要我堅持下去。一人一句鼓勵，告訴我再走幾步路就有個水龍頭，再走幾步就能看見庇護所。眾人的善意如同光速，跨界而來，為我補充能量。

前輩說的沒錯！終在公路轉彎處，看見一個被雪覆蓋的水龍頭，得救了！我扔掉背包和登山杖，跪趴在雪地上按壓開關，冰冷的水噴發而出，我俯身直接用口接水，大口大口喝著，像一輩子沒喝過一樣。

事後，我坐在雪地上反思，原來生命中有許多東西，看似唾手可得，乍看平凡無奇，卻是生活中不可或缺，比如「水」。在日常生活中取水容易，不會注意，一旦失去才知珍貴。那麼，如果把「水」換成「愛」呢？

走在路上，有時不是體力不夠，而是沒有及時補充水分導致身體出問題。這條路，並非毫無危險，有些朝聖者在途中意外往生，徒留一地追思和遺憾。我裝滿水後繼續上路。

走進森林開闊處，四周盡是雪茫，遠方是連綿山頭曠野，綴滿地平線。突然看見面前有碩大十字架，原來已抵達伊巴涅塔教堂（Ibañeta Chapel），海拔高度約一千公尺，幾個金髮小孩在雪地上打鬧嬉戲。縱然我不是基督徒，但看見莊嚴的教堂和稚童，我始能安心。

太陽幾乎沉到地平線時，目光最遠處，天邊綴著飽和的粉黛色、蛋黃色與些許暮藍，層次分明而誘惑。終於抵達龍塞斯瓦列斯，看了一眼APP溫度顯示，零，找到被雪圍繞的庇護所辦理入住，比我預估的時間晚了幾個鐘頭。

進入房間後看見星光，大衛都在，我是最後一個抵達的朝聖者。進屋後，發軟癱倒在地上，裝備仍背著，躺著喘氣，腳好痠痛。大家笑：「你走到了，Go Away！」

意志力是生命的彈性

梳洗完畢後，體力稍恢復些，把衣褲洗淨掛起風乾，眾人吆喝覓食，出了庇護所，拖著痠痛的腳前往餐廳。龍塞斯瓦列斯很小，僅幾戶人家，所有朝聖者與鎮上居民都在唯一的餐廳中，我一眼瞧見白鬍渣的男人，穿著名牌登山外套，看來熟門熟路，拉了張椅子，叫大衛、傑森（Jason）、我坐，幫大家用西班牙語點餐。

在朝聖路上，多數時英文不一定有用。

二十五歲的男生傑森，來自荷蘭，就是今早看見一頭金色捲髮，五官精緻的朝聖者，長相可愛，眉毛濃郁，英語流暢，三年前走過一次聖雅各之路，發誓再也不走，但現在又出現了，驗證人們說的那句話：「上路後，你就離不開了。」他身形輕盈，腳程很快。

幫大家點菜的人叫烏斯曼（Usman），西班牙人，第四次走，每次走不同路徑，這次他逆著來，從菲尼斯特雷（Finisterre），俗稱「世界的盡頭」附近，一個叫塞埃（Cee）的城鎮，徒步走去法國，他在路上已月餘，有個五歲的女兒相當可愛，他出示手機照與我分享時，眼神盡是喜悅。

大衛，澳洲人，四十三歲，我在路上巧遇的「分身」，身型高大魁武，臉上堆滿笑容，但看得出來稍有疲憊。大家有說有笑，舉杯交錯，暢談路上遇見的野生動物，烏斯曼說路上有熊，傑森瞪大眼睛說「不可能吧」，接著把臉埋進手裡表達緊張，大衛邊喝酒邊笑，氣氛熱絡，而聽到熊的話題後，不知怎地，我腦海浮現出與熊在路上巧遇的影像。

晚上八點多，碰杯聲此起彼落，笑語歡鬧，音樂熱絡，餐廳門突被推開，外面風雪漫進廳內，一個亞洲大男生風塵僕僕，裝備還在身上，臉色發白，難道才剛抵達？外面雪夜冰凍，鐵定折磨，真是不可思議，我站起來走向他，大吃一驚，他竟穿著拖鞋！

「怎麼了，發生什麼事，你的鞋子呢？」我問，「壞了。」他說，「辦理入住了嗎？」「還沒。」我擔心三十分鐘後，庇護所大門要關了，這天氣睡外面，一定凍死，我趕緊帶他去庇護所，結果工作人員睡了，我轉回餐廳，想起烏斯曼是西班牙人可溝通，請他幫忙打電話解決問題，過程中我竟然跑了起來，原來還有體力？

辦理好入住後，時間已晚，餐廳準備打烊，我拜託烏斯曼再跟餐廳請託晚餐，好險有他幫忙，廚師轉頭去準備。「你叫什麼名字？」我問。「善浩（Sun Ho）。」原來是韓國人，「不管發生什麼，先吃飯，然後去洗澡休息，明天再說，我陪你。」「謝謝你，可以請你喝啤酒嗎？」他靦腆地問。「我們要趕快休息了。」我比出睡覺手勢，因為距離關門不到三十分鐘，這天氣若睡在外頭，真的可能活活凍死。

「好的。」他開始加速吃東西，我看著韓國大男生狼吞虎嚥，想像山林寒夜中毫無光亮，每踩一步就陷入雪裡，他是如何僅憑一雙拖鞋，攀至首日高點？意志力是生命的彈性，讓人再走一點點，一點點就會發生很多事。

我向烏斯曼道謝，他給我一個擁抱，他的幫忙，讓一個異國旅人感到安心。想不到這天以後，善浩會成為我朝聖之路上的重要旅伴。

05

上升後，必下降

龍塞斯瓦列斯 → 祖比里

- D2 -

- 今日公里數：21
- 今日步伐數：35,548
- 距 離 目 標：733 公里
- 今 日 開 銷：庇護所 15 歐元、早餐 8 歐元、晚餐 10 歐元
- 今日好感謝：幫我裝水的人、主動關心我水是否足夠的人、主動帶路的人、關心我買販賣機的人

因時差作祟，我半夢半醒睡不著，眾人瑟縮在睡袋內，鼻鼾聲像交響樂，時而悠揚，時而震撼，根本抓不到節奏，我聽到某位朝聖者喊了句：「哦，我的天啊！」一應是對劇烈鼾聲的無可奈何。我睜著眼，呼吸著冷冽的山中氣息，直至清晨六點，天色尚如黑墨。

突然，鄰床窸窸窣窣，原來是大衛，從聲音可分辨他擔心驚擾大家，於是刻意加速動作，縮短打包時間，鞋子尚未穿好，一顛一顛地步向門口，氣溫零下的龍塞斯瓦列斯，他準備啟程了。

我看了許多故事，有些人在路程中分開，目送對方背影離去，慶幸彼此相遇，感慨必須分離，沒想到首日我就有體會，在床旁對大衛比了大拇指，喊了句 Buen Camino（一路平安），我不確定他是否聽見，我以為還會在路上遇見他，但此後已不再相見。

人世裡有些萍水相逢，宇宙有其目的。

通常一人起床準備，第二個人也迅速甦醒，像推倒骨牌般，房內朝聖者陸續起床，彷彿深怕落後。第二個收睡袋的人是星光，烏斯曼也走向廁所洗漱了，我已無睡意，翻身起床，拿著行囊到客廳收拾。

餐廳八點後才營業，因首日的路程嚇到我，評估後果斷放棄已繳的五歐元早餐費，提前上路。整裝時，我轉頭跟善浩說，不去餐廳了我得上路，指了指他鞋子問他可行嗎？總不能穿拖鞋走冬天的朝聖路吧，荒郊野嶺也無法採買新鞋，他點點頭示意可行，拍拍手中的登山鞋，震落塵土。

今日行程從龍塞斯瓦列斯到祖比里，約二十一公里，全程下坡，途經埃斯皮納爾（Espinal）小鎮，霜雪覆蓋一切，彷彿雪毯披在整座城鎮上。我尋找早餐，氣溫之低，店面鮮少開張，最終在轉角處找到販賣機，買了兩杯熱咖啡，三個小蛋糕，幾塊巧克力，共花費八歐元。

當我研究自動販賣機時，一位西班牙女孩走過來用西班牙語發問。雖然我聽不懂，但人與人之間實際上能夠相互理解，我猜她在詢問是否會操作。於是，我購買一塊蛋糕給她看，她說了聲「是的」（Si），然後檢查咖啡機，發現已買好。她對我說

Buen Camino（一路平安）。展現燦爛的笑容後離去。

我繼續往前走，看見一戶綠簷白牆的歐式庭園小屋，美麗的令人驚嘆，駐足拍照，屋主推開窗戶，講了一串西班牙語，我以為是拍照惹他不高興，他笑出來，比出喝水的手勢，原來是問水夠不夠，然後請我到他家裝水，我拿出水壺搖給他看，示意滿水位，他熱情地大聲喊 Buen Camino（一路平安）。

沿途上，有人指示我行走方向，甚至領路或跟在後頭，確認我沒有迷路才放心離開。原來，除朝聖之路的「貝殼指標」外，「善良是人生的地圖」。

持續行走，我見到澄淨的天空，來自不同國家、方向和時刻的飛機，在天空中留下的航跡雲，看似平行，最終交錯，然後各自離開。地面上有朝聖之路，天空中有航跡雲，都在講同一件事，「人生」。

走在路上，大自然相伴，清幽、恬淡，路程中偶時能聽見風聲、樹葉聲、牧牛脖子上的鈴鐺聲、溪流聲，伴點遠方傳來的犬吠聲，除此外只剩自己的喘氣聲，冬日漫漫的聖雅各之路上，毫無人煙，寧靜的只剩心聲。

在山林中的某個轉角處，黃土鋪成的漫長小徑，兩旁是密集的樹林，樹梢上積著雪，我終於遇到一位朝聖者，正倚著樹幹調整鞋子，結果是善浩。我快步追上去問「怎麼了？」原來鞋子是朋友送的，不太合腳，每走一步都痛。「好，我們一起走，慢慢走。」我邊說邊看著他。

一個人走，自由；一群人走，長遠。

佈施者要感謝接受佈施的人

登山與人生一樣，上坡路之後，一定是下坡，沒有例外。第二天路程，從海拔九百五十公尺下降到五百公尺，加上水，負重逾八公斤，我不善爬山，經驗也少，重量積壓在關節上造成膝蓋疼痛，後來每踩一步，都相當難耐，不免擔心日後路程，走著走著突然想起，「宇宙中，沒有偶然」，以為是我陪著善浩的腳，事實上是他陪著我的膝蓋，互相支持。

當我們布施時，應該要感謝接受布施的人，因為沒有他們，布施就不存在；你以為自己在幫助別人，其實是他們在幫助你。

快到祖比里前，某處山林中陽光和煦，我邀請善浩一起席地而坐，在野地上休息，我給善浩巧克力，他給我小熊軟糖，兩人肩並肩看向大自然，被綠意擁抱，一覽無遺，偶爾相視微笑，吹風無語，卻有很多交流，心裡上的。

「大家都在問你走到哪裡了。」進入祖比里的庇護所後，星光看到我問。「我走得慢嘛。」我回。大家都坐在飯廳裡，傑森在讀書，另一位我不認識的朝聖者正在吃東西，看來大家都已經洗漱乾淨了。

「你們什麼時候到的？」我好奇，「三個小時前。」傑森說。「三個小時？」我驚訝地睜大了眼睛，然後恭敬地向大家鞠了一躬，表達敬意，他們都笑了，同時也為自己的腳力感到羞愧。我想起艾瑞克說的話「不要期待，不是比賽」，快慢並不重要，我便釋懷了。這句話，對我好重要，對往後的人生一樣也是警言。

真的好累，膝蓋也很痛。進房後，我扔下背包，幾乎昏倒在床上，星光催促我吃飽再睡。我們去超市買了一份海鮮飯、一份披薩和一杯可樂，總共十歐元。回到庇護所的廚房後，星光幫我加熱食物，披薩邊燒焦了，她拿刀叉小心地去除，「這東西不好，你知道嗎？」她說。「我愛吃這個燒焦。」我怕她麻煩，再度撒謊，怎麼好意思呢，以為這句話會讓她停下來。

「你現在是不是覺得我像你媽？」星光問，瞬間腦中警報器響起，完了！走朝聖之路也會遇到「陷阱題」，江湖在走，警覺要有，不管女生幾歲，你對她說妳像我媽，那朝聖之路可能變「找死之路」。

「我們是朝聖之路上的好朋友。」我小心翼翼地回答，偷偷瞄了一眼她的表情，星光嘴角微微上揚，好險過關。「我們更像是家人。」她說。

06

重量

祖比里 → 潘普洛納

- D3 -

- 今日公里數：24
- 今日步伐數：35,511
- 距 離 目 標：709 公里
- 今 日 開 銷：庇護所 15 歐元、水泡貼 28 歐元、大吃一頓 29 歐元、網卡 10 歐元
- 今日好感激：雖未迷路，但一位年逾 70 的老爺爺主動指路，走了一段路後，回頭驚訝發現，他和老奶奶一直跟在我身後，確認方向無誤，才準備放心離開，我與他們擁抱，眼眶紅紅的

任何走得遠的計畫，都不能重。

旅人背包裡，其實裝載的是兩樣東西，「恐懼」與「慾望」。擔心頭髮沒吹乾引發偏頭痛，便帶上吹風機；怕雪地滑，帶上小冰爪；擔心沒人幫忙拍照，攜帶小腳架；怕衣服沒地方掛，攜帶晒衣繩；擔心摸黑上路看不見，攜帶頭燈；還沒開始走就在怕！

絕大多數塞進背包的東西，不是慾望，就是恐懼，然後把物品加總起來重到壓垮你，邁不開步伐。留下必要的，丟掉想要的，只有輕，你才能在朝聖之路走得遠，人生當中最寶貴的、最無法或缺的，就是你自己，其餘一切只能陪你一段路程。

第三天準備啟程時，荷蘭人傑森背著紅色背包說：「你一直沒碰到的東西，趕快丟掉，或寄回家。」「你的背包看起來好輕，讓我背背看。」試過之後，我笑著對他說「我們交換背包吧。」他大笑，但離開的速度快如閃電，顯然是被我嚇到了。

我問善浩，你的登山鞋怎麼辦？結果他拿出一雙休閒鞋。原來，我們在祖比里認識一位西班牙朝聖者，是位大學生名叫伽比（Gabi），他帶兩雙鞋上路，聽聞善浩的情況後，願意出借一雙休閒且適腳的鞋子，等善浩抵達潘普洛納，再買合適的登山鞋。

原來只要你的負重能力不同，宇宙會讓你背上不同的東西。你永遠不知道，你身上的東西，無論有形或無形，究竟是為自己還是別人而準備。如果是為自己準備，那就是鍛煉，最終能獲得成長；如果是為別人準備，那就是分享，最終展現善良。

想起好友麥可分享，他步行途中認識一名日本朝聖者，穿著流行款靴子上路，根本不適山林，所以步步折磨，至某間庇護所時，腳部紅腫脹痛，庇護所主人見狀，從倉庫拿出一雙幾乎全新的休閒鞋，尺寸恰巧適合，剛好讓日本人換穿，主人說多年前曾有個朝聖者捐獻，今天派上用場。

我想，每個善意必有用處，就算現在用不到，未來它可能會改變某個人的一生。

從祖比里到潘普洛納的路程約為二十四公里，地形平坦。這個城市曾是知名作家海明威的駐足之地，以酒香濃郁的歷史風情聞名。這兒是著名的奔牛節舉辦城市，每年的聖費爾明節期間，鬥牛會在街道上追逐人群，城市的建築色彩大膽，密集排列，羅馬古城牆內洋溢著歡樂的觀光氛圍。

進入城鎮邊緣前，我在人行道上的椅子上稍作休息，享受陽光。我注意到左手邊有個石製貝殼標誌，它指引朝聖者方向。在上頭，我發現一盒全新的生鮮柳橙汁，附有吸管，不知道是誰留下的善意，但我相信來往的朝聖者都會見到。

我堅信，愛與善良是宇宙中最強大的力量。

誰理你呢

潘普洛納非常喧鬧，適逢假日節慶，街道上滿是喝酒歡鬧、打扮時尚、身材高挑的歐洲年輕男女，抬眼望去，似乎只有我一個亞洲人，穿著登山裝渾身塵土，禁不自覺地萌生自卑感，認為大家盯著你，靜下心想，其實「誰理你呢」？

我們常與人互動時，自動解讀對方眼神、語調或肢體動作，然後產生負面情緒，大腦藉此養成迴路。當你看見一個冷漠眼神，你會自然認為對方不喜歡你，於是也保持距離，反應出不喜對方的狀態。

但實際上，對方可能只是心不在焉或想其他事情。許多誤會累積起來可能會導致悲劇，正如電影《奧本海默》中的一幕，主角之一的史特勞斯說，奧本海默和愛因斯坦肯定在河邊說他壞話，想整他。這時旁人回應，「他們可能根本沒提到你，而是討論更重要的事。」結局證明，兩個物理學大師在探討生命議題。

生活中的一些悲劇源於「腦海中絮絮叨叨的聲音」。追根溯源，答案可能是「空無一物」，真相是「自己折磨自己」。二千五百年前，佛陀說「應無所住而生其心」，這一哲思使六祖惠能瞬間開悟，放下所有執著，從此獲得自由。

我鼓勵自己，即使身上覆蓋著灰塵，在異國時髦人群中行走，也要保持自在和愉悅，「做自己就好」。

星光與善浩節奏較快，早一步抵達潘普洛納，星光致電說，他們住的青年旅館已客滿，我回應沒關係，卻感受到兩人將我放在心上，我不孤單。剛進入城鎮邊緣，看見斑駁質感的古城牆，軍事要塞的外觀像座殘缺城堡，我坐在石墩上，一一打電話尋找，好險，一間膠囊旅館尚有空床。

膠囊旅舍位於主街道上，空間明亮乾淨，與先前住的庇護所截然不同，我心想今夜終於可以好好休息。我與工作人員娜塔莉亞（Natalia）聊天，她說已外出旅遊五十三天，今第一天上班，我辦理入住時，她因忘記電腦步驟而耽擱時間，要我見諒，我當然不在意，但聽到她的旅行天數，相比勤奮工作的亞洲人，我十分震撼。

「你是台灣人嗎？」我聽到你跟員工交談，一個文青女子對我說。進入歐洲後，我再也沒聽過中文，毫無防備的情況下，一股親切感倍增。她說：「我一個人來歐洲旅遊十五天，我喜歡足球，來看皇家馬德里隊的比賽。」難以想像，這位可愛女子，隻身前往歐洲，竟是為了足球賽，她既有趣又勇敢。

上街覓食，拎著晚餐回到旅店，門口似是感應鎖，我不得其門而入，心裡極度緊張，難道要露宿街頭？幸好，西班牙朝聖者卡洛斯（Carlos）在客廳吃東西，透過玻璃窗看到我，起身幫忙開門。想起與他初次相遇是在龍塞斯瓦列斯，他坐在庇護所門口，見我左顧右盼，便站起來指一個入口大喊「庇護所」（Albergue），我向他點頭致謝。

卡洛斯走路很快，很多時候，我們並不是在相同的節奏上，所以會到達不同城鎮，他幾乎每天都傳照片給我，問我到哪裡了。他每遇到亞洲人，就會向對方介紹台灣朋友「Go Away」，可能是分不清亞洲人的面孔，以為亞洲人都彼此認識，這更顯得卡洛斯純真可愛。

即使我回到台灣，卡洛斯再次踏上聖雅各之路，他真的在路上遇到來自台灣的朝聖者，還給他們看我的照片。台灣朋友也在「修女也瘋狂」群組裡傳上合照，讓我回味無窮。

那天晚上，我和卡洛斯坐在客廳吃晚餐。卡洛斯不太說英文，而我聽不懂西班牙文，我們還是能雞同鴨講地聊很久。每當他講完，都會問我是否明白意思，我用谷歌翻譯回答他，他總是露出心領神會的表情，而我打出來最多的詞就是「平靜」，這是他在多國徒步後的深刻感受。

我說人能意識交流，你信嗎？只是我們關閉了這個功能。

進房後，我爬到上層床鋪拉上窗簾，鑽進睡袋準備就寢。然而深夜裡，酒客們都回來了，在房間內唱歌、大聲玩笑，其他試圖休息的旅客忍無可忍，拉開床邊門簾大聲斥責，男聲女聲交替，安靜片刻後，醉酒者又開始吵鬧。這樣的循環此起彼落，整夜未停，鬧劇一場。

我直到清晨都睜著眼，沒有休息，異常煎熬。決定拖著疲憊的身心早些出發，準備挑戰二十二公里的路程，目的地是蓬特拉雷納。

07

指南針

潘普洛納 → 蓬特拉雷納

- D4 -

- 今日公里數：22
- 今日步伐數：37,191
- 距 離 目 標：687 公里
- 今 日 開 銷：轉接頭遺失 6 歐元，庇護所費用 7 歐元，晚餐花費 9 歐元
- 今日好感謝：史蒂夫（Steve）

在這條路上我規定自己，只要和陌生人眼睛對上，我一定帶著笑容說：你好（Hola），因為善意是座橋梁，力量之大，可把兩個星球連結在一起。

走到寬恕之峰（Alto del Perdón）前，是段登高的長程路段，沿途是黃土沙塵，沒有現代建築，如果眼光足夠犀利，彷彿能看到地球的另一端，視野無礙。山丘上，佇滿一排風力發電葉片，三百六十度環繞的視野皆能看見，細算可能有數百座以上，各自運轉。西班牙重視能源與環保，光是風力發電，貢獻近二五%的發電量。

我繼續前進，不遠處有兩名中年男子，我依照慣例喊了一聲你好（Hola），結果兩人停下腳步對我微笑，我們開始交談，一位是西班牙的酒吧老闆，擁有一家成功的酒吧，員工超過十五人；另一位是英國人史蒂夫，原居利物浦（Liverpool），幾年前搬到了潘普洛納。

當酒吧老闆得知我來自台灣後，驚訝地說，他小孩將去高雄旅遊，我立刻告訴他，若需要任何幫助，盡管聯繫我，隨後我們交換了WhatsApp。臨走時，我擁抱了他們並道謝，史蒂夫看著我，若有所思，「等我一下，我陪你走一段路。」他說，然後向他的朋友告別。

一起上路後，史蒂夫說：「你剛才擁抱大家，做得很好，你要繼續保持。」「你走過聖雅各之路嗎？」我問。「我永遠在路上。」他笑著回答我。

「幾年前，我搬到了潘普洛納，家中的窗外，每天能看到朝聖者經過。有一天，我想為什麼不試試看呢？於是，我穿上牛仔褲、休閒鞋，帶上一個簡單的背包，幾乎沒帶任何錢就出發了。我原本打算只走二十公里，到達下個城鎮後，我覺得這並不難嘛。」

「我就繼續走，沒錢就找地方打零工，或者到修道院，教士收留我過夜。後來，我走到了終點，抵達聖地亞哥－德孔波斯特拉主教堂（Catedral de Santiago de Compostela）時，我哭了。許多在路上的夥伴，以為再也見不到，卻在終點重逢，感動極了！」史蒂夫眼中盡是回憶。

史蒂夫繼續說：「在教堂前，我自拍給媽媽看，她好高興，我還記得她的笑容，時間過得真快，她已過世五年了！」「我很抱歉。」我說，「沒事的。」他淡淡微笑。兩人肩並肩站在山頭上，欣賞層巒起伏的青綠山勢，「史蒂夫，我想你也是我的人生故事了。」我真誠望著他，他笑起來時，眼睛瞇成一條彎彎的線，陽光從他背後灑下。

簡單即快樂

「然後我又往下，走去菲尼斯特雷，世界的盡頭，到了那我又問自己，然後呢，然後要再去哪呢？走在路上，你會一直跟自己對話，發現快樂其實很簡單，沒有太多東西，也不要複雜，你會發現你要做的，就是改變自己。」

尚未抵達寬恕之峰前，有岔路，史蒂夫準備分道揚鑣，他轉頭說：「看起來，我們得在這分別了。」正要話別時，恰巧走來幾位穿戴整齊的長者，像是健行，服裝用料顯得雍容華貴，一行人開口說了幾句，我聽不懂，史蒂夫搭腔回應，聽起來並非西語，我禮貌地等他寒暄。

一行人道別後，他說這是巴斯克語，地方方言，他們在問：「這個亞洲人是誰，來走朝聖之路的嗎？」我當時心裡好佩服，史蒂夫的方言朗朗上口，應答如流，像在台灣看見一個外國人，和你用台語話家常一樣，我感受到他融入在地的用心。

英國人史蒂夫像個智者，從他鄉搬至異鄉，即使語言通暢，他有時仍覺得無法融入異地，卻繼續勇敢的在西班牙生活，編寫人生故事，他陪我走了一段山路，訴說他的人生，他的話語像指南針，擺在風中，等我使用找到方向。

在蓬特拉雷納這夜，外頭霜寒，似有小雪，庇護所內卻溫暖。可愛的韓國大男生善浩煮了香辣的韓國泡麵，還沒端來，味道先飄來，泡麵紅光油亮引得我饑腸轆轆，大學生伽比在看書，時不時問起亞洲的生活情況、平均工作收入、房價、休閒活動有哪些。

有兩個朝聖者來自米蘭，其中一個短髮女生，姿勢端正的坐在桌椅上，書寫日記，下筆緩慢，一豎一橫，神情認真，活脫像是學生練習字體描繪一樣，細細記錄今日路上點滴，時間在這兒停了下來，寧靜，徜徉。

08

自在的人，走到哪都安好

蓬特拉雷納 → 埃斯特利亞

- D5 -

- 今日公里數：24
- 今日步伐數：34,444
- 距 離 目 標：663 公里
- 今 日 開 銷：庇護所 15 歐元、請客 35 歐元
- 今日好幸福：朝聖者們煎肉、做沙拉，我終於脫離了微波食品

西班牙清晨，天色微微暮藍，朝聖者們未破曉就早起整裝出發，加拿大籍韓國人星光先行，再來是西班牙人伽比和卡洛斯，來自宏都拉斯的賽西（Cecy），接著還有兩個米蘭人依序上路，我與每個人互道 Buen Camino（一路平安）。

我知道善浩要寄送登山靴（重一．五公斤）回家，要去兩百五十公尺外的郵局，至少要等九十分鐘才會開門，我願陪同善浩完成寄送，接著再上路，今日目標埃斯特利亞，約二十三公里，最後一個上路也很好，目送大家背影，內心給予祝福。

只要你走在這條路上，總有機會遇見某人生日。

到達埃斯特利亞的庇護所後，大家前往超市購買食材準備晚餐。結賬時，大家細瑣地分攤費用，而我向來討厭麻煩，便直接表示「我來付」，他們感到驚訝，我戲稱「我是有錢人」、「錢不是問題」、「沒錢才是問題」，大家一笑，事實上，食材價格便宜，總計約台幣一千元，慷慨請客也是種分享。

庇護所的廚房寬敞，有張大餐桌，足夠十多人共餐。空間採白色系裝潢，顯得明亮乾淨。賽西熟練地烹飪，她在平底鍋中置入奶油，中火加溫，再放入牛排，油星迸裂的聲音頓時響起，金黃液體包裹粉嫩油花，讓人食慾大開，煎肉之際，他又準備了一盤生菜沙拉，淋上橄欖油、巴薩米克醋和鹽調味，上桌前搖晃一下，使汁液均勻調和，回頭再將牛排翻面，表皮酥脆油亮，肉香橫溢，最後灑上黑胡椒粒提味，眾人互斟紅酒，共享美味。

席間，有人提及生日話題，伽比突然說今天是他生日，眾人驚喜大叫，表示不敢置信，伽比急忙補充，他自己沒有過生日的習慣，認為每天都一樣。我立刻唱起生日快樂歌，大夥加入，一邊唱歌一邊笑鬧。伽比臉上霎時泛紅，我從善浩那借來打火機，點燃象徵蠟燭的火光，讓他吹熄許願，我們大家碰杯慶祝，沉浸在醉醺氛圍中，非常快樂。

一問才知道，原來在西班牙、韓國和宏都拉斯，人們只有一個願望的額度，做為台灣人，卻擁有三個願望，真是太幸福了！西班牙習俗是壽星需要準備蛋糕給大家享用，因此雖然雙腳很痛，又很疲憊的伽比，還是認份地再走去超市，買巧克力回來與大家分享。

餐敘結束後，我捲起袖子，打開水龍頭準備清洗鍋碗瓢盆。賽西走過來，關上水龍頭並搖頭說：「你已經付錢了，我們應該分工合作，你去休息吧。」我回答說沒關係，準備繼續洗碗，但她真的非常堅持，於是我在感謝她之後，回到二樓房間，因為我已戒酒一段時間，今天破例喝了幾杯，不勝酒力，只好躺下書寫日記。

「Go Away, Go Away!」一樓傳來卡洛斯的叫喚，一聲接一聲。我猜他要拉我繼續喝酒。腳步聲越來越近，進房後，他見我躺在床上，便試圖拉我去大廳，因為朝聖者們已在彈吉他、唱歌和跳舞，非常熱鬧。但我已筋疲力盡，體力不支，最終他放我一馬。

生命這條路上，若有同伴就是富裕。

你想怎麼走，就怎麼走

今天新認識一位朝聖者，她來自巴塞隆納，名叫安娜（Anna），外貌青春美麗，擁有一頭金色短髮，總將登山鞋掛在背包上，顯得十分率真。她說因為腳的外側非常痛，所以穿著拖鞋上路，表示自己的爆發力很強，但缺乏耐力，所以決定明天要搭乘公車。沒人規定這條路要怎麼走，你要用自虐的方式，可以，你要用輕鬆的方式，也行，朝聖路上沒有公式。

她說：「我去過很多地方，體驗了不同的文化。」我注意到的是，她的拖鞋一左一右款式、大小、顏色各不相同。她解釋說：「一隻來自西班牙南部，另一隻來自北部。」「他們看起來既像朋友，又像夫妻。」我說，安娜笑了。

自在的人，走到哪都安好，別人的眼光，是別人的事。

我最初抵達埃斯特利亞時，從遠處看到十一世紀的主教堂，雄偉壯觀的精緻雕刻採用哥德式建築風格（Gothic architecture）。原本計畫到達庇護所後，前去朝聖，最終沒有去，因為當大家一起分享晚餐，享受今夜時，我才真正明白，每個人都是一座教堂、道觀或廟宇，你的故事就是可以流傳的經典。活著，就是讓我們在「每個人的心中朝聖」。

建築華麗的教堂永在，走在路上的情誼難存，最需銘記。

09

我不是孫悟空

埃斯特利亞 → 洛斯阿爾科斯

- D6 -

- 今日公里數：21
- 今日步伐數：32,412
- 距 離 目 標：642 公里
- 今 日 開 銷：庇護所 7 歐元，晚餐 10 歐元
- 今日好幸福：我可以睡過凌晨 5 點了，而不是半夢半醒

從埃斯特利亞到洛斯阿爾科斯，步程約二十一公里，高度約在六百四十至六百六十公尺之間，幾無陡坡，前方是一望無際的平坦路途。相比前幾日，我的身體、步伐和節奏更加適應了。當路途變得不艱難時，人的念頭浮想聯翩，腦袋像有千隻蜜蜂嗡嗡吵雜。

我是個不快樂的人，常質疑世界，腦海充滿問號。因此，我不想要孩子，因為我不希望他像我一樣。

自小我就被笑眼睛小，老師問問題時，同學們笑我眼睛張不開，或用手指把兩個眼角往後拉長，變成瞇瞇眼，伴隨著嘲弄般的笑聲，長久下來，認為自己醜陋，與大家不同，生出自卑心。

我從小不會念書，國中成績很爛，高中沒考上，腦子不聰明，別人一次能瞭解的算數公式，我要好幾次，最後靠硬背才行，專科念電機系，爛到延畢，靠死背法考上插大，再靠死背法考上研究所，資質平庸，胸無遠志。

如果人生是一部《西遊記》，我不是孫悟空，也不是豬八戒，比較像是沙悟淨牽的那匹馬，沒有存在感，沒有台詞的那一個。

出社會工作後，我想把每件事做好，找尋成就感，「童年沒有的，長大後加倍討回來」，像是報復一樣，不知不覺，變成控制狂，凡未依計畫執行，或有所變化，情緒變得焦躁易怒。

踏上聖雅各之路，我告訴自己，這一生「你無法不犯錯」，你最應該原諒的人，是你自己，而你最應該肯定的人，也是你自己。

我得丟掉些什麼，才能獲得什麼，就像牛頓第三運動定律，我常想，上帝發給每個人的背包，尺寸一定一樣，你無法什麼都裝進去，凡要裝新的，必要扔掉舊的，人生是體驗，更是取捨，貪心的人裝載太多，重的只能原地等死。

如果你跟我一樣，凡事易往心裡囤積，左耳進找不到右耳出，我想告訴你，無論如何，原諒你自己，肯定你自己。

從小我們被教育考試追求滿分，少一分就被檢討，「怎麼那麼粗心？」「好笨，你本來可以拿一百」分分都計較！長大後當醫師或律師，賺很多錢，住好房子，娶嫁好對象，購買好品牌，然後複製一樣的價值觀，貼上孩子的人生。

我們被植入「生活方程式」，像流水線上的產品，一個個乖乖地躺在輸送帶上，前往一個名為「成功」的世界，那裏有一定的考題和答案。

從未有人教我們面對背叛時，要如何化解內心悲憤；傷害別人、做錯事情時，要如何好好道歉，祈求原諒，最後放下；產生嫉妒和差別心時，要如何導正；被人視若無物、冷漠對待時，要如何正面解讀；產生無盡慾望時，要如何斷捨離？甚至沒有人教會我們，如何誠摯道謝。

這個世界裡，每天都有考題，但沒有標準答案，我們的社會、職場或家庭，教我們追求成功，到頭來奇妙的是，快樂的人很少，不快樂的人俯拾即是，不是目標錯了，就是方法錯了。

抵達洛斯阿爾科斯的庇護所，空間陳設小巧溫馨。主人是一位擁有棕金色捲髮的成熟女士，她還穿著睡袍。房間裡透著鵝黃色的暖燈光，讓朝聖者感到「家的溫暖」。旅人們分成兩批，一批繼續挑戰下個城鎮，而多數人選擇留在這裡，放下背囊去洗漱，然後外出到超市購買食材回來烹飪，大家坐在一起聊天。

「今天我來付，昨天你付過了。」賽西說，「我知道你有錢。」她補充。「今天我破產了！」我開玩笑說，「什麼？」賽西驚呼，「我的錢昨天請你們時用光了，回程的機票變成桌上的烤雞。」她放聲大笑。

大夥聚餐時，有說有笑，我轉頭看見來自米蘭的女朝聖者，胸前掛了一串木製念珠，節奏有序的撥弄著，心事重重，坐在火爐邊烘手，偌大的深藍色眼睛反映出火焰閃爍，一動也不動，與我們熱鬧的氛圍形成截然不同的差異，一間房內，兩個世界，「每個上路的人，都有自己的祕密」。

我泡了一杯熱綠茶，拿出一些零食對她說：「這些請你吃，還有一杯熱茶，喝下去會比較暖和。」她鬆開微緊的眉頭，露出笑容。「真的嗎？你人真好，謝謝你。」我邀請她加入我們，一起聊天。我不知道她心中藏著什麼祕密，但願這份溫暖能讓她開懷些。

10

輪迴

洛斯阿爾科斯 → 洛格羅尼奧

- D7 -

- 今日公里數：27
- 今日步伐數：43,860
- 距 離 目 標：615 公里
- 今 日 開 銷：庇護所 15 歐元，晚餐 30 歐元，食材採購 20 歐元
- 今日好感謝：第一次去餐廳吃東西
- 今日最懊惱：沒進教堂看米開朗基羅的油畫

踏上聖雅各之路後，第一次要走二十七公里，從洛斯阿爾科斯到洛格羅尼奧，後來走繞閒逛，外出採買，實際走了三十一公里，不知怎地，腳很痛，但比起剛開始，內心已更加柔軟平靜。

路程中，過了托雷斯德爾里奧（Torres del Río）後，一處山林中突見數十座石堆，還有一個掛滿「朝聖者回憶」的樹，上面纏繞許多人的祈福與懺悔。整棵樹梢繫滿世界各國國旗，自然而然地，我想找青天白日滿地紅，找了會兒，仍未看見，旅伴們催促上路，我便請他們先行。

我走至樹旁小坡上坐下休息，正當準備放棄尋找時，無意間抬頭，竟看到我們的國旗，不知為何，眼淚瞬間湧出，心想曾有個台灣人，細心的帶著旗幟，翻山越嶺來到此地繫上，給後人鼓勵。

原來有些事情，不停留下來，不會看到。

在洛格羅尼奧的晚上，賽西帶大家去吃飯，連鄰座不認識的客人也拿著酒杯加入我們，一起討論朝聖路上的點滴，席間歡鬧，賽西拿出她的朝聖者護照，我一看竟蓋滿圖章，再仔細看，原來她從二〇一五年開始，每年走一次，起迄隨緣沒有限制，原來賽西走朝聖之路已好多年了。

生命護照

「這是聖地亞哥－德孔波斯特拉主教堂的章嗎？」我好奇地指著其中一欄彩色教堂圖案問，「不是，我不會走去那。」「那是終點，為什麼不走去那？」我好奇。「我怕到了那後，不知道未來還會否繼續上路。我想繼續走，每年走一次，或許等女兒想走時，再陪她走到終點。」她喝了一杯酒後說。

人們總喜歡把最珍貴的留給最重要的人。我在想，對我而言，最珍貴的是什麼？

餐畢，賽西、卡洛斯找大家去西班牙連鎖超市ＤＩＡ超市採買。賽西提議，隔日我們在庇護所自己烹飪。於是，我們購買了一包米、時蔬、洋蔥、起司、數公斤的肉類、一瓶初榨橄欖油、一瓶紅酒等。邊拿食材，大家邊開玩笑：「大家減重都來不及了，還買這麼多！」結帳後猜拳，贏的人可先挑東西來背，意味著最後的輸家，鐵定負擔最重。確定要玩這麼大嗎？

回到庇護所，眾人到客廳各自泡熱飲，聊天取暖，我看著賽西的朝聖者護照，已稍泛黃皺褶，上頭不同年份、不同地點的章，覺得像是「輪迴」，每一世來經驗一點，然後生命給你一個印記，代表你懂了，累積起來，蓋滿整本「生命護照」，最後走向解脫，離苦得樂。

11

最好的保暖，是前進

洛格羅尼奥 → 納赫拉

- D8 -

- 今日公里數：30
- 今日步伐數：41,812
- 距 離 目 標：585 公里
- 今 日 開 銷：庇護所 15 歐元、餐館 20 歐元、咖啡館 13 歐元
- 今日巨痛苦：雙腳、右肩、寒冷

在洛格羅尼奧，寒流來襲，陰冷中夾雜著雪雨。早晨啟程前往納赫拉，大約三十公里，雨勢逐漸加大。許多房屋的門楣上鑲嵌著聖殿騎士的石徽，風格迥異，歷史價值極高，可惜時間不足仔細觀賞和研究，我只能匆匆離去。

途經洛格羅尼奧公園（Logroño Park），看到了許多野鵝，是這座城市的象徵。人們相信白天跟隨鵝群，夜裡追隨星星，能夠指引他們走向聖地。走著走著，突然有野兔蹦跳而出，速度極快，我按慣例說了聲你好後繼續趕路，因為風雪將至。

經過文藝感十足的小鎮本托薩（Ventosa），鎮入口處有一巨型人物照矗立，對比度極高，增添神祕感。星光因導航顯示不同路線可選，其中一條路程較長，於是詢問大家意見，部分朝聖者選擇較短的路徑，而我則沿著本托薩繼續前行。

突然大雪傾來，氣溫急劇下降，土壤溼透變成泥濘，踩上去就會深陷，雪水融化讓路面變成水窪，只能涉水前進或走在較高的泥墩上，就算是車輛也不得不減速，以免陷入泥潭。

氣溫降至零下，最好的保暖就是繼續前進。

瘋狂的是，賽西昨晚提議，在納赫拉大家一起烹飪盛宴的計畫，因此購買了數公斤的食材和飲料，大家共同背負，但面對惡劣天氣，我的背包重量增加逾十二公斤，雪雨中蹣跚前行，非常吃不消

磨鍊心志

原來風雪中行走，毫不浪漫，步步磨心，動作僵直，帽沿上積雪成碎冰塊，雨衣凹陷處也成冰，即便穿上防雨外套，仍滲透到了內衣，鞋內則積著冰涼雪水，這段路程零下三四度，經歷這遭才體悟，最好的禦寒是前行，一步不停！

走進納赫拉小鎮，雪勢更大，打在臉上瞬地融解，水滴滑落至眼珠，更別提眼鏡上也結了點冰霜，視野不清，紛飛的雪花，片片像墜落的流星，速度極快，腳已不聽使喚，得趕緊找休息處所。第一間庇護所就在小鎮入口不遠處，但已約好要與卡洛斯

碰頭，但他選了最遠的庇護所，距離尚約一公里。

賽西、星光、善浩和我，都已渾身溼透。只要停下腳步幾秒鐘，寒意就會迅速驅逐體溫，開始微微顫抖。因此，我們決定先用餐補充熱量。我們走進唯一一間中國餐館，由我來點菜。我選擇一籠小籠包、炒飯、蔬菜和四碗熱湯給大家。星光突然有些不悅，問我為什麼沒先和她確認，因為她不喝湯。見狀，賽西立刻出面打圓場，請星光不要介意，她喝兩碗湯就好。

若你有會打圓場的朋友，一定要珍惜，表示她不喜衝突外，還會幫忙解決問題。但我也反省，自以為冷，就幫別人點熱湯，有些時候，你的善意或溫情，不是別人所需反成累贅，也給自己徒增困擾。

眾人吃得滿足，我再點了四杯熱茶，讓大家暖和身子，飽餐後繼續在風雨中奮鬥，眾人前行到卡洛斯的下榻處，雖然位居城市邊緣，距離較遠，但隔天上路卻更節省路段，「有不好，就有好，生命裡沒有絕對的好壞優劣」。

多數庇護所的主人文質彬彬，總帶著微笑，談話間偶爾會說出「上帝祝福你」之語，符合朝聖意境。當我們抵達納赫拉的庇護所時，主人是一位滿身刺青的西班牙大叔，體格魁梧，身高超過一百八十五公分，蓄著滿臉鬍渣，大冷天裡僅穿著牛仔背心，腳踩黑色牛皮靴，鑲有銀製圖騰。他的外型宛如「特種部隊」，報到處播放著搖滾樂，我從未見過如此「狂野不羈」的庇護所。

原本預計要提早回法國工作的賽西，似乎捨不得離開，決定再和大家多走一天。我沒問她還能走多遠，下一站在哪裡，因為我不想聽到分別。

12

宇宙的祝福

納赫拉 → 聖多明各－德拉卡爾薩達

- D9 -

- 今日公里數：25
- 今日步伐數：36,058
- 距 離 目 標：560 公里
- 今 日 開 銷：庇護所 13 歐元、超市 9 歐元、晚餐 20 歐元因在洛格羅尼奧有家人，步伐本就輕快的伽比，早早就沒同行。他對台灣的事物很感興趣，知識相當豐富。一副黑框眼鏡給人書生的印象，我印象最深地，是他像機關槍般的說話速度，撐著登山杖，從每個朝聖者面前快速通過。他說電話那頭是他媽媽，擔心他在聖雅各之路的情況，他只好不斷地報平安。

早晨出發前，特意稍作拖延，聽一會兒庇護所播放的重金屬動感音樂。朝聖者們已陸續離開，每日天未亮，有些人就開始打包上路，這條路上不需鬧鐘，從一開始你心急也起床整理，到現在怡然自得，朝聖之路不是比賽，我反覆複習艾瑞克的話語。

「宇宙中，沒有偶然」，正當我踏出庇護所，便見到伽比在陽光灑下來的地方向我揮手，喊我的名字，仿佛一切都是命中注定。

「早安，史蒂芬（Steven）」。」大家後來習慣叫我史蒂芬，再也沒有人叫我 Go Away 了。「看到你真好，伽比。」「今天下一個停靠點是哪裡？」他問。「聖多明各–德拉卡爾薩達，你呢？」「還沒決定。」伽比說想和我拍張照，然後他開始像跑車般加速，我再也沒有看到他的車尾燈。

這條路上，有些人說聲再見就是永別，跟人生一樣。

從納赫拉到聖多明各－德拉卡爾薩達，路程約二十五公里，中途經過西爾韋尼亞（Cirueña）小鎮，四周是被雪覆蓋的原野，延綿無盡。部分地方是黑色的肥沃土壤和油綠草地，色彩多樣，遠望如一張張繽紛的郵票，貼在大地上。

「史蒂芬！」遠遠聽到有人喊我，連續兩次，回音在山野中迴盪。我回頭一看，是賽西，在雪霜原野上，她的身影顯得渺小。我停下腳步等她，「我不行了，我想休息。」她走近後說。「好，前面有酒吧，我們去那裡喝點東西吧。」我打開手機地圖，導航至西爾韋尼亞（Cirueña）的餐廳。賽西在路邊拍照時，發現雪絨絨的地上，有其他朝聖者寫下大字「LOVE」。

賽西在法語幼兒園工作，但她的母語是西班牙文。她幾乎每年都來走聖雅各之路，這次七天，今天是最後一天，結束後要回去陪女兒和貓。在西班牙，很多時候英文不一定實用，賽西經常幫我翻譯，解決許多問題，我們相處融洽。

「賽西，你為什麼想要來走朝聖之路？」我問，「第一次來，是因為在思考自己的婚姻。」她目視前方，平緩回應，表情難以捉摸。由於是敏感話題，她沒有多談，我也沒進一步詢問，擔心無意間觸碰祕密，畢竟許多踏上這條路的人，都有自己的心事，我試圖轉移話題。

「賽西，答應我來亞洲時，到台灣玩，我帶你吃好吃的，比如小籠包。」我微笑著說，開始介紹台灣的美食、夜市，打開手機圖片給她參考，賽西也轉移話題說，她很享受電影，其中，有部非常難忘的台灣電影是〈陽光普照〉，她瞪大眼睛說，那是一部大戲（Big drama）。

我跟她一路歡聊，忘了路長或者腳痛，直到路上遇見一個西班牙大叔，他叫奧茲（Ozzie），五十多歲，住馬德里，有太太與兩個小孩，隔段時間就會走上聖雅各之路，分段走，下次從上次的迄點接力，跟許多歐洲人一樣。

「我二月時辭掉一切，上路想事情，這條路是關於你自己，去聽自己的聲音，我半輩子都在想，我喜歡什麼，要什麼，想做什麼，我是誰。」奧茲邊走邊說，他外型高大斯文，典型的歐洲人樣貌，鼻頭頗大，仔細看面容約略飽經風霜，講話語調溫和渾厚，字字珠璣，手中握著一根地上隨手撿來的木頭，當作拐杖。

當我們抵達聖多明各－德拉卡爾薩達時，天氣依然晴朗美好，大家相約一起洗衣服，然後出去走走。回到庇護所時，遇到一位韓國青年，之前在一個早餐會上與他短暫相遇，但未曾深談。

奉俊（Bon Jun），二十九歲，是一位程式設計師，他的打扮很有型，穿著深黃色的北邊臉（The North Face）羽絨衣和始祖鳥（ARC'TERYX）防風外套，頭髮捲曲、帥氣，眼神中透露著敏銳與智慧，胸前掛著一台 GoPro。站在他旁邊的我，顯得土極了。

初見奉俊

「你為什麼想來聖雅各之路？」我問。「我不知道自己想要什麼，所以就辭職了，出來走走尋找答案。公司希望我留下，提供一年的時間讓我去流浪，時間一到就得回去。」奉俊說。「公司竟然願意讓你流浪一年，奉俊，你一定很特別！」我對他說。

「你覺得 ChatGPT 如何？」奉俊突然問，「人們發明出取代自己的東西，未來可能許多人會失業，但我發現，越來越多人走捷徑，比如，如何一分鐘產生畫作，一分鐘寫好程式，一分鐘寫好文章，很可怕，我們失去感受和思考，人變成一個鍵，Enter」

「我想法跟你一樣，」他說，「我研究車子自動化，希望以後不要再有車禍發生。」

「你是基督徒嗎？」奉俊又問。「不是，小時候我常跟家人去廟裡拜拜，所以我信仰佛教或道教。但我相信，無論是哪種信仰，那個世界裡沒有分別，有分別地，都是人。」我回。奉俊點點頭，眼神盡是聰慧與專注，望著我，沒有再多說什麼。

星光跑來找我，詢問我是否有針線盒，因為她發現善浩的背包肩帶已經裂開，擔心這樣下去，無法支撐接續的旅程，她想幫忙修補。星光是典型的韓國女性，個性堅毅果敢，勇往直前，但對待旁人又像家人一樣溫暖，在你還未察覺問題時，她已在幫你解決。

奧茲晚上邀約一起喝紅酒，我請他來賽西的歡送趴，席間笑聲不斷，晚上大家偷帶一瓶紅酒回庇護所，雖然理應不行，但冬天的聖雅各之路真的人很少，庇護所內的朝聖者，經常是同一批人。眾人吵吵鬧鬧、嘻皮笑臉的走回住處，一推開門，沒想到面帶威嚴的主人站在大廳，嚴肅地注視大家，眾人像看到訓導主任般，瞬間躡手躡腳放輕音量，彷彿做錯事一樣。

回到閣樓的睡覺處，卡洛斯打開紅酒，賽西要我繼續喝，我跟她說真的太累了，需要休息，我一躺上床就昏昏欲睡。她發訊息給我，要我出來跟大家一起喝酒聊天，但我假裝睡著了，因為不想面對離別。

沒過多久，我進入夢鄉，恍惚半醒間，有人輕聲緩步走到床邊，低頭輕吻了我的額頭，俯身擁抱，我沒張開眼睛，但我知道是她。人世裡，曾有人與你並肩而行，就是宇宙的祝福，能在冰雪中釋放溫暖，久久不褪。

隔天，賽西收拾好行李，在門口跟大家道別，我正在打包，不顧腳痛，我飛奔過去給她一個擁抱，告訴她我會想念她，並提醒一定要來台灣。我們彼此互道祝福。她回到馬德里（Madrid）的家後，傳了貓小孩的照片與我分享。

13

緣分是生命流轉間的業力發威

聖多明各－德拉卡爾薩達 → 貝洛拉多

- D10 -

- 今日公里數：25
- 今日步伐數：34,965
- 距 離 目 標：535 公里
- 今 日 開 銷：庇護所 12 歐元、晚餐 17 歐元
- 今日印象深：主教堂與其珍藏的古董和藝術品

如果說洛格羅尼奧的代表動物是鵝，那麼聖多明各－德拉卡爾薩達則是雞。

前一天到達聖多明各－德拉卡爾薩達後，我特別想參觀教堂，但因時間因素無法進入，感到有些失望。今天上午前往貝洛拉多前，我刻意停下腳步，在鎮上等待教堂開放。十一世紀，這座小鎮誕生一位聖人，多明哥・加西亞（Domingo García）在此造橋、鋪路、建立醫院、修建教堂。我在六塊富有歷史感的銀質版畫上，見證他布施、持戒、忍辱、精進、禪定、圓滿的故事，如同佛陀走過的路徑，找到永恒的密碼。

多明哥・加西亞走到哪裡，都有一對雞跟隨，從此雞成為了這座小鎮的象徵。至今，大教堂內飼養著兩隻雞，是西班牙唯一有飼養動物的教堂。教堂內設有博物館，收藏了多明哥・加西亞的聖棺、歷代主教生前使用的物品，以及千百年來的各種藝術品，供朝聖者和信眾瞻仰靜思。

世上曾有聖人，活著告訴人們，生命中有條不一樣的路，需要非常勇敢，也會萬分辛苦，但盡頭是無法言說的美麗，死後寫進歷史，成為人海中的燈塔。

依依不捨地離開博物館，走向塗鴉小鎮貝洛拉多，大約二十五公里。西班牙的寒流再次來襲，我走進一片雪白蒼茫的無人原野。在近二十公里的路段中，細雪紛飛，一路未停，我將圍巾拉高覆蓋臉部，只露出雙眼，身體自動進入行走的機械狀態，風雪刺骨，一路上未見一人，連腦中的千萬思緒也避冬去。

想起朝聖路上所遇之人，就如生命中某些人像候鳥，時間到了就得遷徙；某些人像水鳥，在你周遭築水草而居；某些人像老鷹，看似老遠，冷不防倏地而至啄你弱處。緣分是生命流轉間的業力發威，我忘了前世，但願今生，我所傷的人，能原諒我，而傷我的人，我已原諒，盼與我相遇之靈魂，各自安好，不虛此行。

最舒適的一晚

抵達貝洛拉多的庇護所時，門還沒開，主人也不在。打了電話後，主人讓我們稍候，她隨後開車趕來，幫助我們辦理入住。主人氣質高雅且顯得親切可愛，讓疲憊的朝聖者感到溫暖。房子外觀像磨石透天厝，小巧庭院擺著單車，幾盆植栽，富有歐式情調，一樓是洗澡間、廚房、客廳、用餐處、公共區域，二樓、三樓皆是睡房，今僅有五人入住，除我外，其餘都是韓國人。

今天新認識的朝聖者名叫善雅（Shan Ya），是位韓國女孩，皮膚白皙，英語流利。她曾在國外留學，還會說法語，非常優秀。她的背包看上去很輕便，穿著學院風的衣服，手持一根扭曲的木棍作登山杖，顯得格外隨性。她與善浩和奉俊在途中偶遇，大家交換聯繫方式成為旅行夥伴，經常聽到她叫喊「歐巴」，彷彿走進了韓劇場景。

因為她走得比較慢，我本以為她會落後，但結果卻是領先我們一步，讓我感到驚訝。原來她偶爾會搭乘公車或其他交通工具，移動方式靈活多變，也豐富體驗。所以，有時她在我們前一個城鎮過夜，而隔天我們卻在下一個城鎮相遇，非常有趣。

貝洛拉多庇護所的舒適程度，讓我印象深刻，大部分的庇護所因為省電，入夜後可能會停掉暖氣，房間變冰庫。淋浴的洗澡間為求省水，通常採按壓回彈式開關，按下去熱水出來，幾秒後開關回彈，自動停水，設計環保節約。

春夏秋熱門季節，庇護所每日動輒數十人留宿，必須節電、節水，有時盥洗的人多，水溫也略不足，只好迅速洗罷。公立庇護所每日費用僅八到十歐，折合台幣三百元左右，價格低廉，部分庇護所更採捐獻制，捐多少都可以，主人帶著善心經營可謂奉獻，幾乎無利潤，節約能源的做法很值得讚賞。

但這間庇護所因為冬季人少，只有五位住客，暖氣徹夜未停，熱水充足，讓我能夠好好地洗去一身疲勞痠痛，徹底放鬆。這是我在朝聖之路上，最舒適的一次熱水澡。我將行囊中的衣物全部洗淨，掛在房內烘乾，一切都很完美。

屋內張貼木製設計標語，提醒旅人珍惜當下，處處可見主人巧思，比如桌上擺著香氣瀰漫的松果、書籍、飾品等，顯得溫馨舒適，晚上眾人坐在客廳，掏出各式家當，分享餅乾零食、小麵包等，韓國人交談熱絡，我聽不懂也愜意自在。我躺在地板上伸展身體，舒緩筋骨，凝視綠茶杯中的氤氳熱氣，回想數天的雪中步行、離去的旅伴，書寫日誌，多溫暖緩慢而寧靜的一夜。

14

平衡

貝洛拉多 → 阿塔普埃爾卡

- D11 -

- 今日公里數：31
- 今日步伐數：42,789
- 距 離 目 標：504 公里
- 今 日 開 銷：庇護所 10 歐元、泡麵 1 歐元、咖啡 1 歐元
- 今 日 收 穫：天寒地凍，走得很累，但沒有崩潰

晨起，離開貝洛拉多時特別鑽進巷弄之間，尋覓繽紛吸睛的塗鴉藝術，幾幅與大樓同等高度的畫作讓人開眼界，旅人應花點時間進入小鎮，找找牆壁上的驚喜，撫摸彩繪痕跡，從畫作中感受創作者的心意，只要你的腳程能追上時間。走朝聖之路有感，人生是一趟有好必有壞的旅程，前一天溫馨舒適，今天就冷冽考驗，彷若登山，上坡之後，必是下坡，毫無例外。

冬日的聖雅各之路是個冰霜世界，許多店家都沒營業。昨晚得知，今天預計到達的庇護所已休息，下個城鎮也沒有庇護所，只好一路走到阿塔普埃爾卡，路程接近三十二公里。零下三、四度的冰天雪地中逆風前進，路途漫長，如果這是朝聖之路的第一天，我可能早已崩潰，但今天走到最後，除了腳有些疼痛之外，節奏和呼吸都算平靜，想必是因一路鍾鍊。

今天雪勢飄忽不定，時大時小。雖然走朝聖路幾乎完全不需地圖或導航，但善浩還是拿出手機，仔細研究路線，決定某些路段走山路，其他則走公路。有大概八公里的長程上坡，雖然坡度並不陡，但走起來也是考驗體力，尤其載送樹木的大型卡車經過時帶來急速風捲，夾雜風霜直擊全身，真是刺激。

沿途偶遇一些司機幫忙加油，揮手招呼，精神好些繼續前行，到了某處轉進山林，空無一人，只有白綠相間的山野，崎嶇泥濘的溼滑路面，滿佈高聳的綠寶石色澤的松樹，抵達原先的預定地奧爾特加（Ortega），不死心還是去看了庇護所，果然門鎖緊閉，我跟善浩索性坐在門旁的雪地上，把背包裏的食物全拿出來，一口氣吃光增加熱量。

繼續上路，經過阿赫斯（Agés），前往阿塔普埃爾卡，地處九百五十公尺高的廣闊平原，冰風毫無阻擋地肆虐，我低頭抗風，穩固腳步，有時會踉蹌幾下，差點被風吹至跌倒。今天真的好寒，令我直打哆嗦，但在阿塔普埃爾卡區域卻未見厚厚積雪。有時即使沒有雪，寒風依舊刺骨。

阿塔普埃爾卡因挖掘出數十萬年前的人類遺骨而聞名，因此路旁立有介紹牌，上面畫著原始人類的圖案。此時我已無心探究，一心只想取暖，終抵庇護所，越來越多不同國家的人齊聚，現在有西班牙、美國、德國、韓國、台灣、荷蘭等，大家在餐敘時暢聊各自的故事。

分享

談天時，我看見一個銀髮蒼蒼的女人獨坐角落，沒有言語，表情寧靜，我拿了杯熱水去坐在她身邊。「你好，我來自台灣，我叫史蒂芬，你呢？」「你好，我來自荷蘭。」「這是你第一次走朝聖之路嗎？」我問，「對，去年九月開始走，我能夠感覺到上帝陪我一起，最後我留了下來，在這間庇護所幫忙。我在你身上看見女性特質，因為你會來找我聊，不是跟大夥坐在一起，希望你在未來的生活中，可以找到平衡。」

年逾六十的銀髮荷蘭女士，一席富有哲理的話，讓我領悟，我們把人生活得太像「公式」，什麼時間點該畢業、工作、衝刺事業、結婚、生孩子、當主管、退休，日子久了，失去「敢於不同」的勇氣，社會與人，互相把彼此變成工廠，生產一樣的故事，複製貼上，稍有不同都是異類。

什麼時候，你才會感受到日子不平衡了？針對不平衡，敢為自己做些改變？

我回到小窩，鋪好睡袋，聽見一股流利的美語腔調，「我叫特魯米（Trumi），來自美國，你呢？」「史蒂芬」我轉頭回應。「你為什麼想在冬天來走聖雅各之路？」特魯米問。「尋找平靜」我回答。「我十三年前就想來走，剛好現在有時間就上路了，來看看會遇到什麼。對了，我很喜歡台灣的一部劇〈王子變青蛙〉。」我聽不懂英文劇名，特魯米特地拿出手機給我看劇照。

另一位朝聖者叫凱文（Kevin），美國人，擁有不尋常且極為好聽的嗓音，主調柔和卻略帶細微的滄桑感，他的聲音能撫慰人心。「我原本是程式設計師，和奉俊一樣，但我想嘗試與聲音相關的工作，所以辭掉原有職業，來走朝聖之路。」凱文說，「聽到你的聲音，我就想到好萊塢電影的配音，你的聲音真的很棒。」我鼓勵他。

阿塔普埃爾卡的夜裡雪花飛揚，非常寒冷，奉俊終於抵達了，他的膝蓋痛，所以走得比較慢，但他幾乎沒有什麼食物可吃。我稍早抵達時，看著庇護所陳列架上的食物，選擇寥寥，最後隨手挑了一碗泡麵，結帳後老闆立刻關門休息。這意味著後來抵達的朝聖者，若沒有預備食物就得挨餓。

幸好，我可以將泡麵分享給奉俊，這才明白，我一開始不想添購食物，打算餓肚子，結果還是入手了，原來剛好可以分享給他。今夜打算不吃了，朝聖之路上，斷食清理腸胃也無妨，沒想到盥洗後，回到床上整理行囊時，善浩走到我身邊說，他煮了一碗香蒜奶油義大利麵給我，年紀比我輕十歲，卻經常照顧我，「善意是最美好的分享」。

15

人生有時是選擇題

阿塔普埃爾卡 → 布爾戈斯

- D12 -

- 今日公里數：21
- 今日步伐數：29,649
- 距 離 目 標：483 里
- 今 日 開 銷：庇護所 10 歐元、晚餐 19 歐元、甜點 9 歐元、手套 15 歐元、拖鞋掉了，購買新的 5 歐元
- 今日好幸福：品嘗布爾戈斯（Burgos）的熱巧克力

早晨出發前，在庭院中叼著菸的奉俊正在伸展筋骨，大雪紛飛，漫天飄落覆蓋他的頭頂。他伸手進背包裡摸索，然後掏出一根香蕉給我，對我說了聲「分享」（Share）。

阿塔普埃爾卡太冷，沿途風霜交加，大概是我朝聖途中印象最冷的路段，今日走向布爾戈斯，西班牙前幾大的城市，路程約二十一公里，即使雪已停止，溫度仍然低於冰點，途經幾個工業型小鎮，依循公路而建，偶遇一些白髮長者，乘著電動滑板在公路上滑行，圍巾覆蓋至臉龐，看起來頗年輕氣息。

進入布爾戈斯，在城鎮外圍看見一座聖母瑪利亞教堂，推開深褐色木門，入坐痕跡斑斑的木頭長椅上，祈禱追思，室內是灰白相間的石牆與木造結構，光影從窗花射入，顏色七彩斑斕，映照出灰塵漫舞，教堂內寧靜地毫無分貝，哪怕是一根針掉在地上也能引起迴響，我緩緩閉上眼冥想，然後沉沉休憩於無聲之中。

抵達布爾戈斯公立庇護所，歐式風情的街道跟明信片一樣，美麗的讓旅人每步都想停留，也感嘆歐式建築美學，在盛美之中，潛藏家常的溫馨之感，經得起時間考驗。隨後抵達的卡洛斯見到我，先給我一個擁抱，然後打開手機給我看夏季熱門時節，此庇護所的排隊盛況，人潮如一條蜿蜒的龍，而此時此刻，僅有我、善浩和卡洛斯，形成鮮明對比。

進入庇護所後，迎接我們的工作人員是一位白髮爺爺，極為可愛慈祥，他帶領我們參觀庇護所的環境和設施，並說因為沒什麼朝聖者，我們可以自由選擇床位。我選定一床並整理行囊，但感到身體不適，右肩痛、左膝痛、腳趾充血、喉嚨痛、流鼻水、頭暈，還有發燒的症狀。

善浩和我都感到餓了，儘管身體發燒，還是出門尋找食物，我看到餐廳海報上的麵條美食照，直接走進去隨意點了些菜，異鄉裡，亞洲熱食是一種心靈療癒。善浩說附近有間熱巧克力店，應該去品嘗看看，喜嗜甜食的我立馬答應。

進入善浩推薦的甜食店後，我點了兩份熱巧克力，吉拿棒與一份黑巧克力蛋糕，善浩皺著眉頭問：「為什麼要點兩份熱巧克力？」送來甜品後，我才意會過來，這是濃稠狀的熱巧克力，彷若醬汁，搭配吉拿棒沾著吃，並不是台灣的可以喝的那種，所以兩個人點一份綽綽有餘。

此時布爾戈斯好冷，零下兩度，碎雪紛紛，路上行人把圍巾纏繞到臉上，街景雖絕美，但毫無陽光，冷色調景致更顯冬末寒意，一個不小心，就把心情一併拉了下去。

「你等一下要去布爾戈斯大教堂（Catedral de Burgos）看彌撒嗎？」回到庇護所後，善浩問。「我很想去，但我發燒了，可能得在庇護所休息。」我回答。善浩問我有沒有藥，我拿出來給他看。星光和卡洛斯也過來關心，問我是否要一起外出，有家溫馨的西班牙小酒館，血腸是必點的美食。我告訴他們，自己身體不適需要休息，祝他們玩得開心，星光皺了眉頭直視著我，雖沒多說話，但我感受到了關心。

知足常樂

吃了藥，我昏昏沉沉地睡一會兒，不知道過了多久，醒來時看到善浩坐在床邊滑手機。「彌撒怎麼樣？」我問。「很安靜，很神聖，大概有三十個人。」善浩回。心中泛起一絲羨慕。就像許多朋友說羨慕我出去旅行一樣，但我選擇辭掉一切，出去走走，海闊天空，無後顧的做自己。當羨慕別人時，你沒有意識到，你已做出不同選擇。

我有個毛病，總是在吃手中的香草冰淇淋時，卻盯著別人的巧克力冰淇淋，覺得別人的更美味。人生有時是一道選擇題，選了就應該安好自在。就像作家張愛玲的名言「白玫瑰、紅玫瑰」一樣，選了一個，卻總想著另一個，這樣就會產生痛苦，自找的。

因不舒服，我選擇休息，就不該羨慕善浩去看彌撒。如果真想去，不舒服也得去，我們或多或少都有這問題，一旦做出選擇就應堅持下去，不要再說「如果」或「當初」，心想若選另一條路，鐵定是不同光景，可，人生沒有當初，更沒如果。該來的，必定會來，劇本早就寫好，唯一不同的是你選擇什麼心態去學習和面對。

16

神人

布爾戈斯 → 翁塔納斯

- D13 -

- 今日公里數：31
- 今日步伐數：42,096
- 距 離 目 標：452 公里
- 今 日 開 銷：中餐 5 歐元、庇護所 15 歐元、晚餐 12 歐元
- 今日有收穫：第一印象不好，但第二印象可能很好

有些神人外表看不出來，但真不能以貌取人。聖雅各之路不是比賽，每個人都有自己的時間線，但在路上，有些人的速度會讓你覺得他是輕功水上飄。

今天從布爾戈斯走到翁塔納斯山城，大約三十一公里。途中遇到來自日本埼玉縣的Riki桑，他二十二歲，從小就喜愛徒步，曾有五百多公里的徒步經驗。在大學畢業前想離開日本，出去走走，看看世界。

他在英國和法國旅行約十天後，來走聖雅各之路。令人驚訝的是，他只用七天就走完我十三天的距離。身高只有一百五十多公分的Riki桑，將所需物品全部裝進背包，背包重量超過十多公斤，負重能力遠勝於我。

一開始我站在山丘高處回首來時路，因距離遙遠，僅能看到一個小人影，不確定是誰，因冬天人少，遠遠看衣服顏色、體型，都能猜出是誰，我心想等等就能見到，沒多久他追了上來，定睛一看，是沒看過的朝聖者，他用簡單的日語打招呼，然後加速揚長而去，個子不高的他，穩定的揮動臂膀帶動步伐，使速度維持在高檔，像台小跑車一樣。

抵達翁塔納斯唯一有開的庇護所，找到床位，剛好 Riki 桑睡我隔壁，他說想研究伊斯蘭教和基督教在西班牙的狀況，也希望在畢業前有些不同體驗，所以踏上朝聖之旅，我特別推薦他到台灣環島，他問多長，我回差不多一千公里，他饒有興趣。

晚餐時問他跟大家聚餐嗎，他說吃飽了，可我知道他只吃一小塊麵包，不曉得是否日本人靦腆多禮，不好意思跟一群陌生人參加聚會，我三顧茅廬多問幾次，最後他說好，在餐桌上，許多人問他日本文化，他為何來走朝聖之路，以及他正在研究的宗教題目，大家交換心得，看到他融入氣氛，大口喝酒與眾人歡笑，感覺真好。

回國後看他的ＩＧ，發現他最後用二十二天走完八百公里的朝聖之路，比我晚出發，比我早結束，我再次複習艾瑞克的哲理「人生不是比賽」，糾結於早晚並無意義，而是這段路程帶給你什麼感動與啟發，關鍵是「後來的你，變成什麼樣的人」？

17

吵架

翁塔納斯 → 弗羅米斯塔

- D14 -

- 今日公里數：34
- 今日步伐數：46,538
- 距 離 目 標：418 公里
- 今 日 開 銷：庇護所 13 歐元、超市採買 14 歐元
- 今日最感傷：吵架

離開翁塔納斯前往弗羅米斯塔，大約三十四公里的路程。途中經過了我非常想親眼見到的聖安東修道院（Convento de San Antón）。對我來說，這座修道院的每一塊磚瓦、每一塊石頭，都代表了中古世紀的勇氣與遺跡。

十四世紀時，當地盛行「聖安東之火」，傳聞為「聖火」的痲瘋病，會讓患者四肢不能動彈，考究主因是長期食用被細菌汙染的小麥麵包，進而產生中毒現象，症狀是四肢像火燎，無法動彈。許多往來的朝聖者至此就倒地不起，而修士們沒有畏懼疾病，勇敢面對給予治療、庇護，陪伴康復，讓鬥士們繼而踏上聖途。

我想起 COVID-19，最初始大家避之唯恐不及，猜誰疑似染病，議論紛紛，門窗緊閉，人們拓寬彼此鴻溝，越遠越好，就像恐懼的人會築出城堡；但勇敢的人會打開城門。

中古世紀有群修士僧侶，細心照料患痲瘋病的朝聖者，不害怕疾病的傳染性。就像 COVID-19 時，台灣有許多勇敢的人在病毒前線幫助大家，此事告訴我，越艱難，越有光！恐懼的人會一直很多，但勇敢的人永遠都在。

路過一座教堂，外層石壁上竟有骷髏頭標誌，乍看稍有邪惡感，旁有辦公室，進去詢問才驚喜發現是座「教堂博物館」，教堂利用白色石壁當布幕，將神創論的故事寫成光影，投射在天花板上供人欣賞，另有小隔間，可看朝聖路上的聖人故事與哲理省思。

今天是充滿收穫的一天，有驚喜也有驚嚇，上帝很公平。

傍晚抵達庇護所梳洗後，我在廚房已吃完泡麵，正在喝熱茶寫日誌，星光來問要不要一起外出用餐，但今日三十四公里的路程，我已精疲力竭，尤其腳很疼痛，由於星光每日較早出發，也最早抵達目的地，待我到下榻處後，星光通常已休整許久，而我正是最累的時刻。

我回覆星光：「我好累想休息，不外出了。」沒想到一場如暴風雨般的戲碼，正式上演。

她突然坐下來語帶嚴肅說：「我現在很怕跟你說話，你總說不要，你讓我感受很不好，我請你喝酒，你不喝，別人給你，你就喝。我常常問你下一站在哪裡，你回我有個APP可以規劃行程，好像我不知道似的，你這樣的回答讓人感覺很不舒服。」

「到了潘普洛納那天，我問你住哪裡，你回答得很含糊，還說你要去辦理電話卡，胡扯旅館網路不好，所以回訊息慢。那天，我想找大家一起吃晚餐，但你的回應很慢，讓人感覺你在躲避。」

從潘普洛納到弗羅米斯塔，大約二百九十公里，星光竟將此事擱在心上，牢記這麼遠！由於在潘普洛納大家分開住宿，我下榻的膠囊旅館室內，網路確實不佳，需外出到街上才會收到延遲訊息。

我試圖解釋這都是誤會，例如我上路前已戒酒，只有在伽比生日那天，因為看到星光似乎心情不佳，陪她喝了幾杯，以及賽西離開時的歡送派對，也喝了一些，其他時間我幾乎未飲。對其他誤會，我也想好好解釋，但用中文吵架已經很累了，更何況是用英文，簡直力不從心。

「你去檢查 WhatsApp 的對話，你說的跟實際情況不一樣，時間也對不上，我覺得你在說謊！」她詳細地列出每一點，好像在對賬一樣，試圖找出錯誤。儘管我想繼續澄清，但真的身心俱疲，所以向她說：「產生這些誤會，我錯了，很抱歉。」

「我覺得你的道歉很假，你並不是真心在道歉，」星光說，「你只是想逃避這個情況，所以才道歉。」她雙眼有神的盯著我。廚房空間不大，餐桌很小，她伸手指我時，讓我感到壓力山大，即使道歉也無濟於事，我還能做什麼呢？我不想再面對這種情況，於是離開廚房，我想前往二樓客廳稍作休息，有點距離，對我們兩人都好。

她追上來大聲吼：「我希望你明天走遠一點，最好是超過三十五公里，這樣以後就不要再見面了。」我感到非常震驚，也很傷心。

世界是面鏡子

進入夜晚的弗羅米斯塔，氣溫降至零下五度，我獨自在庇護所二樓客廳沉思，實在太寒坐不住，即使把衣服都穿身上了，身體仍頻發抖，最後彆扭地走回暖氣房內，星光躺在其中一張床上使用手機，我不敢望向她，房裡僅有兩人，尷尬的氣息像濃霧瀰漫，令人難以呼吸。

回房後我躲在睡袋裡，眼睛閉上，腦袋嗡嗡作響，內心震顫，「為什麼沒做錯事，要這樣被人吼」、「為什麼她會如此氣憤」，突然有個念頭，「你有多生氣，可能是突顯你有多在意」，星光真的那麼在意？

我盡可能把注意力拉回呼吸安撫自己，直至手機發出聲響，善浩傳訊息來，「史蒂芬，你在哪裡？」我回覆已就寢，善浩請我到餐廳一聚喝杯飲料，我腦海浮現星光生氣的模樣，不敢此時出門，否則又是一起「我揪你，你不要，別人揪，就可以」。

我只好跟善浩說明原因，表達與星光有爭執不宜外出，而且我也吃過了，婉謝邀約，結果導致善浩更好奇，直接打電話來，而且不答應不行，最後敵不過百般執拗，加上房內氣息凝重壓抑，我披上外套前去餐廳，才知道奉俊也在，另外還有一個新朋友傑伊（Jay）。

席間我說明原因，三個韓國男生釐清後，輕鬆地表示不要放在心上。當時，我並不清楚與星光的爭執，反而讓我與其他朝聖者建立更深的聯繫，一直到終點。有些緣分，表面上看似負面事件的包裝，其實是扮演一座橋梁角色，引導你前往另一個方向，那裡有你未完成的課題。

一夜無夢，天未亮星光晨起，也許是怕面對彼此尷尬，她比平時還要早上路。我今天要從弗羅米斯塔走至卡里翁德洛斯孔德斯，十九公里路程，朝聖路上，我沉思，星光為何會突然暴怒？是因將我放在心上嗎，我該如何向她致歉？

後來未再遇到星光，兩日後，我傳訊息問候她並祝福一路平安，她已讀未回，接近朝聖之路尾巴時，她打了 WhatsApp 電話來，接起後卻只能聽到她走路的喘息聲，我問她還好嗎，目前走到哪？仍只聽到走路的聲音，掛斷電話後，我在想一個人誤觸手機的 WhatsApp，再按到某個聯繫對象，再撥通電話的可能性有多高？

再看見她，是在某個朝聖者群體的合照中，她站在聖城主教堂的廣場上，神情喜悅，臉頰泛紅，略顯陽光晒跡，她終究靠著一步一腳印，完成了百萬步伐的壯舉，目的應是祈願家人平安快樂。

我想起朝聖之路首日，韓國阿嬤星光先起程，正要前行時突然停下腳步，回頭看著我說，「你知道有些人在路上離開了，就一輩子不再見了嗎？」「我們會一起抵達終點。」我看著她篤定回答，現在終於明白，所謂的「路」，就是足加上各，每個人有各自的路，去向各自目的地，同行也好，分別也罷，但求緣生滅時，無愧無疚，心懷微笑，她會一直在我心中，我更不會忘記那句話，「因為不可能，所以我在這裡」。

回台後，二〇二四年初，我傳訊息祝福星光，盼她新年快樂，一切都好，時間具有淡化的魔力，她終於回訊：「史蒂芬，新年快樂，謝謝你祝福我，回想起朝聖之路，有件事情我不太認可自己，便是與你有爭執，我應該再多點耐心與同理，應該是我們都太在乎彼此了吧，希望你對朝聖路上的回憶都是美好的，對了，你想再去走朝聖路嗎？」

她接著說：「我已經訂了前往北方之路的機票，預計秋天啟程，據說這條路上，餐廳和庇護所比法蘭西之路少許多，難度更高。在我印象中，你是個溫暖的人，願意幫助別人，明年我計畫回韓國一趟，有機會去台灣的話，我一定找你，請你吃飯，很高興跟你說話，現在是加拿大時間深夜了，我得去睡覺，祝福你一切都好，晚安。」

「我每天都想著再回朝聖路上，對了，妳就是我在路上的美好回憶，願妳一切平安，希望你一定要來台灣，我很想念妳。」我按下回覆鍵，越洋傳遞心意給星光。世界是面鏡子，你改變不了鏡子中的表情，除非你先改變自己的，世界就會開始燦爛。

18

古蹟派對

弗羅米斯塔 → 卡里翁德洛斯孔德斯

- D15 -

- 今日公里數：19
- 今日步伐數：30,489
- 距 離 目 標：399 公里
- 今 日 開 銷：中餐 11 歐元、庇護所 9 歐元、採買與晚餐 13 歐元
- 今 日 體 驗：生命中結伴與獨行，都是必要的

八百公里的朝聖之路，目前已近一半，一路上住的庇護所很多種，但從未住過修道院，今天是第一次，很酷的是，它已有七百六十三歲了，聖塔克拉修道院（Santa Clara Monastery）建於一二三一年，一二六〇年落成。三個韓國帥哥似乎早就決定住這裡，我沾了光跟了進去。在冬末時節，這間擁有七百六十多年歷史的古蹟，只有我們四個人入住。

院子裡，抬頭可見屋頂內側的橫向木椿已脆弱斑駁，底下用數根石柱作為基座，加強穩定，石質牆壁上有方濟各會（Franciscan）的盾牌、貝殼標誌等，另外，紅磚牆上嵌有十八世紀的石製公羊頭，傳說摸了能讓厄運遠離，而建造公羊頭的目的是守護一口十七世紀的水井，它曾幫助往來的朝聖者解渴。

韓國烤肉秀

晚餐時間，三個韓國帥哥大顯身手，在西班牙古蹟的廚房內，上演「韓國烤肉秀」，五花肉、洋蔥、杏鮑菇等食材依序丟入鍋中，熱氣騰騰，肉香四溢，細心翻面，煎得焦脆，接著沸水滾煮韓式拉麵、辛拉麵、起司拉麵，佐料包撒下，香味滿室，饑腸轆轆，走了二十公里後，零下氣溫中，熱絡的用餐氛圍，讓這一餐比米其林更美味。

善浩，三十二歲，是個可愛的大男孩，他的女友是醫學院學生，非常漂亮。每天都會與女友、家人聯繫，有時他視訊時，會請我一起入鏡，我會跟善浩的媽媽、女友禮貌問候，表達我會好好照顧善浩。細心的他，會注意同行者的狀況，只要我們並肩行走時他總會問：「你還好嗎？」因為我看起來，總是不太好。為什麼想走聖雅各之路呢？他心思單純透明，「嗯，就是純粹走路嘛。」他說。

奉俊，他的自信中帶有帥氣，戴著米白色草帽，帽沿繫上黑色緞帶，掛著黑色塑料框眼鏡，看起來自然好看。在偶爾風沙襲捲、許多牛糞的泥濘路上，會感覺他像在伸展台上走秀。二十九歲的他，從事程式設計，從眼神中就能看出他聰明，腦子裡有想法，個性獨立，家在濟州島，喜歡與異國人交流，也會走走停停，因為在思考、記錄，所以他不追求速度。抵達終點後，他計畫一個人前往葡萄牙，再去探索自己想要什麼，尋找答案。

傑伊，三十歲，身高約一百八十五公分，瞳孔淡漠褐色，皮膚白皙，頭戴迷彩綠帽子、迷彩綠圍脖，讓人以為他是軍人，但其實從事音樂表演事業。由於腿很長，所以當他加速時絕對看不到他的車尾燈。他天生就有幽默感，即使只說一個英文單詞，你也會覺得非常好笑。跟卡洛斯一樣，到哪裡都酒不離手，有次因為喝多了，腸胃不舒服躺在草地上，叫大家先走。到達庇護所後，我勸他多喝水，但他說不行，還是得喝酒。

19

有過交集，就是我的快樂

卡里翁德洛斯孔德斯 →
卡爾薩迪利亞德拉庫埃薩

- D16 -

- 今日公里數：17
- 今日步伐數：25,094
- 距 離 目 標：382 公里
- 今 日 開 銷：中餐 13 歐元、庇護所 10 歐元
- 今日印象深：今天特別感受，一路上沒有高樓大廈，天空寬廣，視野無限，人們顯得快樂
- 今日有收穫：不期待，才能深刻體會

今天從卡里翁德洛斯孔德斯出發，想走多遠就多遠，有時無法按照計畫，宇宙才能給你禮物；放棄小我，大我才能出現。今日刻意獨行，好處之一，就是一路上自言自語、吼叫、大笑、瘋癲，都沒關係，你多久沒自由自在，無拘無束了？

途中經過一家酒吧，我按慣例進去喝杯熱咖啡。入座後，才發現還有位金色短髮的女朝聖者，她的名字叫安雅（Anya），來自美國舊金山，入座已久，餐點卻一直未上，我安慰她說，因冬日朝聖路人太少，工作的人更少，所以要給餐廳多點時間，她笑了出來。我好奇，她怎麼會踏上冬天的朝聖路呢？

她說：「我近期剛好被裁員了，所以有大把時間，先前走過，這次就把路程走完，想走去世界的盡頭。」言談之間，相當自在。我感受彼此差異，若在台灣發生被裁員的事，也許不敢聲張，應該是遮掩含糊帶過，我卻從她身上感受到一種自在且無畏的勇氣，啊，進來喝這杯咖啡真是值得！

沒多久，奉俊、善浩也陸續抵達了，平時腳程最快的傑伊，因為路上肚子不適，速度慢了下來，還在途中休息。突然，四位年逾六十的韓國大叔騎著鐵馬而至，推開門，風塵僕僕。奉俊、善浩很有禮貌地打招呼，開始交談，我不懂韓文，但依稀聽見敬語音調，我彷彿在看韓劇。

因看得出神，我沒有跟著打招呼，但因外型恰似韓國人，所以韓國大叔們看著我面露狐疑，「他是台灣人。」奉俊幫我回答。「你覺得我幾歲？」大叔看著我用英文說，江湖在走，禮貌要有，「我覺得最多五十八。」我發揮演技，大叔仰天大笑，跟同伴韓英夾雜說，我認為他未滿六十。

「我六十五歲了。」大叔轉頭對我說，談到年齡時還用手比出數字，特地加重語氣，笑得非常開心。我早就預料到這一點，於是再加碼：「真的看不出來，因為你體態很好，整體看起來很年輕。」我特別摸了摸臉頰示意。

另一個大叔說，他們曾來台灣騎單車環島，從高雄出發、至台北、花蓮太魯閣等地、許多地方都去了，就是靠著一台鐵馬。四個六十多歲的不老騎士坐下來用餐，打開手機音樂播放席琳狄翁的神曲〈All by myself〉，特別選用男聲版本，四個人各自哼唱一段，略含滄桑卻又渾厚的聲線，在室內迴盪穿透，我一邊喝著咖啡，一邊欣賞他們的自在。

老，只是年齡數字，不是心理狀態。

傑伊拖著沉重步伐也抵達小鎮餐廳，我們上前關心，奇妙的是，原定今天計畫是能走多遠就多遠，結果如首日庇護所主人艾瑞克所說，「不用計畫」。傑伊身體不適，因此我們只走了十九公里，奉俊先開口問大家「還要繼續走嗎？」因傑伊身體不太好，眾人立即決定留宿此地，明日再補回里程數。

隨意找間庇護所辦理入住，有趣的是整間庇護所如同工地，四處堆置凌亂的工具，原來是新主人才剛頂下房子正重新裝潢，主人收每人十歐，然後親自帶領參觀，邊走邊說：「凡在廚房、餐廳、冰箱看到的食材、雞蛋、水果、牛奶、麵條和巧克力，請隨意取用，不用收錢，」令我吃驚極了，「這是奉獻，我走過好幾次聖雅各之路，所以對於此事，心中有很多想法，奉獻能讓我快樂。」老闆說。

「史蒂芬，有台灣人！」善浩發現後跑來跟我說。接著看見一個短髮、皮膚黝黑的高個帥氣男子走向我：「你是小黃吧？你每天在群組裡寫的日記，我有看。我是戴森（Dison），你腳上的水泡好多了嗎？」在異鄉第二次聽見中文，我驚喜萬分。

微笑地圖

戴森說：「我平常跟一個西班牙長者一起走，大多時間我獨自一人。有時一天走四十公里。我去過日本走過一千公里，接下來想去韓國走路。步行痕跡可在谷歌地圖上，串成一個微笑曲線。」異鄉遇故鄉，不同時間出發卻交集在此，像天上的航跡雲，似地上的聖雅各之路。

常與戴森同行的西班牙長者，名字的音調我發不出來，因為要快速捲動舌頭才行，他不斷給我示範，我跟他說：「我的舌頭已經死了，別逼我了。」七十多歲的他大笑，臉上的線條堅毅而硬朗，擁有一家建築公司。

今年冬天他再次踏上朝聖之路，是他人生中的第八次。我問：「為什麼想來走路呢？」「我感到身心靈都變得快樂，」他接著說：「今年夏天，我想帶著女兒再走一遍。」

我跟善浩說：「另外還有兩個人，晚餐我們多做一些，讓他們可以吃，好嗎？」「有，我們有多做」他回。大家做了奶油大蒜義大利麵，還有番茄、雞蛋、洋蔥等食材一起烹煮的食物，十足好吃，西班牙爸爸特別用谷歌翻譯給大家看：「我不知道這是什麼，但好好吃。」

一共六個男生共享晚餐，眾人跟西班牙爸爸聊天，得知他有兩個女兒，三十二歲、二十八歲，分別念工程和化學，其中一個是博士，然後給大家看女兒生活照，大家眼睛一亮，開始查谷歌翻譯，紛紛開口叫他「岳父」，然後男生們搶著自我介紹，並對他說：「我會好好照顧你女兒。」他裂齒大笑，氣氛活潑。

隔日清晨，微微晨曦的冷色調光芒射進窗內，西班牙爸爸一早收拾好，拿著手機，赤腳踏在冰冷的磁磚上，咚咚咚走至床邊把手機遞到我眼前，谷歌翻譯顯示：「在這條路上，跟你們有過一段交集是我旅途中的快樂（pleasure）。」

當時天未亮，我卻感覺室內陽光普照，我深深擁抱他，身體貼合，跟他說Buen Camino（一路平安）。

20

人生中點

卡爾薩迪利亞德拉庫埃薩 → 薩阿貢

- D17 -

- 今日公里數：25
- 今日步伐數：34,854
- 距 離 目 標：357 公里
- 今 日 開 銷：庇護所 6 歐元、晚餐加請喝紅酒 24 歐元、超市採買 13 歐元、藥品採買 30 歐元
- 今 日 收 獲：在人生中點，改變人生下半場的觀念

昨夜入住卡爾薩迪利亞德拉庫埃薩，未按照步行計畫，所以路程稍嫌短。今天要到薩阿貢，二十五公里，路上時我回想起西班牙長者，躡手躡腳踏在冰涼的地板上，來到我床邊表達心意，這才猛然想起，我未曾預料在此鎮過宿，要不是傑伊鬧肚子，我們會繼續前行，就錯過與西班牙長者一聚，也不會有「晨光中的感動」。

臣服，就能看見禮物。

薩阿貢（Sahagún）是朝聖之路的「中點」。進入城鎮前，我們先經過一座古橋，然後目睹一座建於十三世紀的修道院遺跡，它曾是朝聖者醫院，主要提供「臨終關懷服務」。再前行幾步，有兩座雕像，分別代表國王與傳教士，雕像腳下刻有文字和神祕符號，彷彿守護著來往的朝聖者，保障他們的信仰與安全。這裡是「中點紀念碑」，提醒數百年來無數朝聖者，你已來到旅程中點，再往前就是法蘭西之路的下半段。

我以前沒有時間線的概念。

四十二歲放棄一切後，面對一無所有，我曾感到心慌意亂。後來，開始閱讀一些佛經，尋找心靈安定。我的人生中點在哪裡？如果我能活到八十歲，那麼此刻就是我的中點。以前我羨慕別人，幾歲有鉅額年薪，幾歲開甚麼名車，幾歲有令人稱羨的頭銜與成就。

發現真實的豐足

走在路上我思考，真正的快樂，或許不在於物質的堆疊或貪求，而是在於「滿城風雨時，你仍然雙手合十」、「驚濤駭浪中，你內心風平浪靜」。你沒對任何人感到愧疚，活得心安理得，踏實自在。

許多成功人士面對開不完的會議，永無下班生活，家庭難以兼顧，臨老了存摺豐厚，但「你願意花錢，誰陪你月下」？坐在豪宅內回憶時，驚訝發現記憶中最深地，不是阿爾卑斯山的豐盛自然、明治神宮外苑的銀杏林、北京紫禁城外的一碗涮羊肉，而是壓抑沉悶的會議室與辦公室！

我們是否真的有靜下心來，想過此生的意義？

生命從「遊樂園」變成「印鈔機」，社會上的年輕人前仆後繼的前往「成功」，但心，滿足與安定了嗎？你需要地，其實比你想像中少，宇宙給我們的從來都是「剛剛好」，不急不徐，不管是因緣、課業或禮物，有些苦痛你得面對吸收；有些美好你得看它遠離。

我只需看自己的時間線，就像天上的航跡雲，像地上的朝聖之路，不需再去看別人，相信自己，好與壞都是自己，「人生不是比賽」，而是自己與自己的關係，相信宇宙，相信祂。

21

寂寥

薩阿貢 → 雷列戈斯

- D18 -

- 今日公里數：32
- 今日步伐數：43,326
- 距 離 目 標：325 公里
- 今 日 開 銷：庇護所 9 歐元、採買 11 歐元
- 今 日 體 驗：沒有荒蕪，便沒有繁華

從薩阿貢到雷列戈斯的路程，大約三十公里，所見風景唯有無盡寂寥。你為中心，三百六十度都能遠睹地平線，偶見法國梧桐林、甜菜堆、廣袤土壤、綿長上百公尺的牛糞肥、靜滯的小水泊、離群索居的孤樹外，只剩三十公里的淒風寒雨。

若要說起來，冬天的朝聖路沒那麼多詩情畫意，更多的是，走過貧瘠的土壤、踏過泥濘的水窪、踩過糞屎的路途、闖過積累的雪堆、進入無人的樹林、穿過如沉默之丘的小鎮、最後邁向自己的心境。

有時會覺得，好像感悟了什麼，但朦朧朧的，不很清楚。

聖雅各之路很奇妙，曾在路上有過一面之緣的人，你猜不到，接下來他會陪你走上一段旅程。曾在薩阿貢看見一德國人馬丁，打了招呼後各自離去，抵達雷列戈斯小鎮時，他已在庇護所內看書休息，是本非常厚的書，但他的背包總重才五公斤，表示他的行囊相當精簡，透露心態上的豁達。

樂活態度

馬丁約一百八十多公分，金頭髮，三十四歲，卻有青少年的臉孔，喜歡穿帽T，人高腿長，身著七分褲與長襪，還能有小腿肉露出，人，真的不能比較。他有個十歲的孩子，金髮碧眼，生著一張童星臉孔。馬丁住在德國的島嶼上，靠近漢堡的東北方，他從媽媽手中買來僅十坪大小的海邊小屋，「我要那麼大的房子幹嘛。」他說。

他喜歡玩滑板，堅持在生活和工作中謀平衡，一年約有兩百天假期，夢想著環遊世界，人很健談，喜愛海邊小屋的生活，早晨起來到海邊洗澡，中午休息時跳入海裡游泳，晚上到沙灘上升火，躺著看星空，只要他想去，從家門口走到沙灘只要四十秒。

馬丁說：「我沒有錢，但我很快樂。」「馬丁，你住在夢裡，你生活在度假裡。」我告訴他。我說起亞洲的狀況，許多人無盡工作，生活壓力很大，若要買一間房，可能是一輩子的債務。他說在德國，若想在好地段買好房子，也需要很多錢，但可至郊區住，空氣好，房價低，增購交通工具就好，像他在島嶼上的交通工具是單車，騎著去超市採購，每天都很快樂。

行囊輕便，行走越遠，生活輕鬆。

我走到受不了時，找張藍漆木椅靠著休息，剛好旁邊是運動場，他竟可以拿著寶特瓶，躍向籃框灌籃，我的天！

22

傳奇

雷列戈斯 → 萊昂

- D19 -

- 今日公里數：28
- 今日步伐數：38,230
- 距 離 目 標：297 公里
- 今 日 開 銷：中餐 4 歐元、肯德基 7 歐元、採買 20 歐元、Airbnb15 歐元、晚餐 14 歐元
- 今日好感謝：善浩

從雷列戈斯走向萊昂的路程，約二十八公里，眾人很雀躍，因為萊昂是朝聖路上的繁榮大城市。善浩說訂了Airbnb，請大家一起去住，我是生活上的白痴，工作可改變，但生活一成不變，像從來沒住過Airbnb，第一次就獻給萊昂。

住宿點就在萊昂主教堂旁的街弄處，按了密碼鎖後進入，室內風格小巧溫馨，若給一家三口住挺合適，偏偏我們四個大男生，兩張單人床，一張小的雙人床，怎麼辦？時尚的程式設計師奉俊掏出手機，找到抽籤軟體，把每個人稱呼鍵入，請大家來抽籤，「你是兄，你先。」他看著我。「我是兄，我想睡客廳，我可以睡那張沙發。」我回，眾人推搪幾句後，還是讓我去睡客廳了，他們三人三張床，剛剛好。

做大的，利他就是占便宜。

「史蒂芬，我們晚上去吃亞洲餐廳。」傑伊說。「好，你們決定好了嗎？」我問，「九分鐘路程而已，等等見。」他率先出門溜達，我繼續回頭洗衣服，泡杯熱騰騰的即溶咖啡，室內漾著烘焙過的豆子氣息，讓人身心舒緩，我悠閒地整理行囊，回憶今日旅途。

凡事只有一個人做的，可以叫做傳奇。

印象中，德國人的特色是務實不苟，所以臉部線條常給人冷峻剛毅之感，但馬丁偏偏是浪漫的人，住在海邊，喜歡音樂，沒錢不打緊，若快樂能存在銀行生利息，他鐵定是VIP級別的超級富豪。

他很健談，走向萊昂的途中可跟你整路聊不停！抵達萊昂後，他拿張紙地圖找落腳處，我問他，你不用APP嗎？他不想，每個人都可以選擇不同的生活方式，出去看看才有體會，他說某幾日找不到庇護所，只好突破四十公里，前往下個城鎮。

路上的吉他手

晚上用餐前馬丁看到我，拉我到一旁，說他剛買了一把吉他！我吃驚，「等等，你說買了什麼？」「一把深藍色吉他，可以插電線的那種，你看照片，跟我家裡的不同。」他說。「走朝聖之路的人，只會買登山用品，你買吉他？你知道後頭還有爬山的路嗎？」我眼睛都睜大了，馬丁自信地回：「我就背在後面，沒有問題。」

「馬丁，你是傳奇，我沒聽過有人在朝聖之路上買吉他，至少今年你是第一人。」我說。「我想到在海濱小屋的院子裏彈吉他就很興奮，也許路過的人，會丟銅板給我，我又有錢可以旅遊了。」他笑。

某日卡洛斯與馬丁下榻同間庇護所，馬丁在房內彈著新吉他，卡洛斯就錄製影片與我分享，後又再傳一張照片給我，影像中是馬丁揹著吉他爬山。在我心裡，凡敢與眾不同者，都可以叫做傳奇。

馬丁學了幾句稱讚女生漂亮的西班牙話，走在路上喊幾句，女生會對他笑，金髮高個還是很有用！有的人走得浪漫滿屋，像馬丁；有的人走得淒風寒雨，像我。

到餐廳後，傑伊點味增拉麵，奉俊點咖哩飯，善浩點炒飯，我點醬油拉麵。拉麵端上桌，湯碗裡可見香菇，替豬骨熬製的湯頭賦味增鮮，另淋上深琥珀色的醬油和少許醋，再加上一小把豆芽、蔥與拉麵，簡單不過，配上兩塊咬勁十足的五花肉，十

三．九歐元。

「這兩塊肉就像輪胎。」我說，然後拿出手機，谷歌輪胎照給他們看，「很考驗牙齒。」接著聽他們討論餐點「Shiba」來，「Shiba」去，笑死。我想，家鄉味總是好吃便宜，若到了異鄉還點家鄉食物，要嘛會失望，要嘛非常貴。

奉俊很聰明，問了店家附近有派對嗎？女生笑了一下，拿出紙條寫了店名，他再追問，可以跳舞嗎？加碼扭了一下身子，肢體語言總是更準確，女生笑得更燦爛說是（Si）。夜裡，他們去酒吧續攤，我直奔異鄉的家，若非道路修整工程，否則從住處望向窗外，就能直見羅馬古城牆，最早可追溯到公元前一世紀，但現在沙塵飛揚，窗外已有鐵捲扇遮擋。

這是走上聖雅各之路後，第一次享受獨白的夜晚，萊昂飄著綿碎細雨，主街道上，許多酒吧還有兩三成群的酒客，店外擺有火烤暖爐，天氣之寒，他們卻選擇坐戶外，我們之間真有差異。

穿過冷清的主教堂，回憶起白日裡的熱鬧熙攘，已完全不同，偌大廣場毫無人煙，路燈照耀出清澈的橘橙色光芒，就像聖光，徜徉，靜默。我安坐在街道中，呼吸著冰涼空氣，感受愜意的孤獨，直至寒意趨著我起身行動。細雨飄飄，走在幾條安靜小弄中，聽見酒吧內傳出杯酒歡暢的吵嘈，形成強烈對比，路過幾座古蹟想駐足查詢，心思卻浮上一句話：「其實遍地都是古蹟。」

回到旅宿客廳，檯燈照映出鵝黃色光暈，有種恬淡安詳的氛圍，我坐在灰絨色的沙發上，烘著電熱取暖，泡杯茶，欣賞它迷濛氤氳，回想一日，靜靜書寫，不久後沉沉睡去。

23

狂奔

萊昂

- D20 -

- 今日公里數：14
- 今日步伐數：19,691
- 距 離 目 標：297 公里
- 今 日 開 銷：海鮮飯 41 歐元、庇護所 8 歐元、晚餐 20 歐元
- 今 日 體 驗：休息，是一個人的約會

Airbnb 只能留宿一天，無法續訂，眾人晨起後，決定多留一天，這是在朝聖之路中唯一的休息日，也是好好遊覽萊昂的機會。大家查找資料，決定前往聖瑪莉修道院（Santa Maria De Carbajal）入住。這間庇護所的前身也曾有醫院功能，照顧往來的朝聖者。協助我們辦理入住的修女名叫德雷莎（Teresa），年過六十，但心態仍然青春活潑。當我合照留念時，她特別轉側身說這個角度更顯好看，真是可愛。

德雷莎特別提醒我們，庇護所有嚴格規定，晚上十點準時關門，不論是敲門還是打電話都沒用，這是歷來規矩。她要求我們務必遵守。如果真的在外面逗留太久，錯過時間，只能在外頭另尋住處，我牢記在心。

出門後，我直接前往教堂朝聖。十三世紀的萊昂主教堂，著名的哥德式建築，建造歷時近百年才落成，但其壯觀的彩繪玻璃窗則在五百年後的十九世紀才全部完成。

彩繪玻璃窗的面積約一千八百平方公尺，是西班牙最大的，世界排名第二。藝術祕密在於，日起東方，所以每天曙光先照耀東邊的基督像彩繪玻璃，光線隨時間順時針移動，午後陽光溫暖，使得東面和南面的彩繪玻璃偏向暖紅色系。到了夕陽時分，光芒逐漸減弱，因此西面和北面的彩繪玻璃是藍色調，頗有寒冷之感。

此外，還有聖伊西多羅皇家教堂（The Royal Collegiate of St Isidoro）和博物館，許多皇室成員長眠於此。教堂採用羅馬式建築，與萊昂主教堂（León Cathedral）風格迥異。特別是聖伊多羅教堂的博物館，進入後首先可見皇室陵墓的石棺室，仰望可欣賞天花板上的油墨彩繪，部分因時間流逝而變得模糊，但仍可辨識出場景，如屠殺罪惡、寬恕、耶穌基督的故事等。

館內收藏許多珍貴的皇家藝術品，最值得一看的是保存完好的十世紀手抄聖經，大約西元九六〇年完成，共有五百一十四頁，上面能發現許多清晰的指紋。謄寫的內容主要是拉丁文和阿拉伯文，筆跡工整至極，宛若印刷品，顯示出抄寫者深深虔誠。而鎮館之寶是千年光陰的聖杯，上面鑲嵌著大約十五顆各異其趣的中世紀寶石，這是埃及國王在西元一〇五〇年送給西班牙國王的禮物。

飽覽年歲已久的藝術殿堂，真是一場富足的心靈盛宴，步出教堂和博物館後，看見航跡雲把天空當作畫布自由揮灑，美麗極了，我在廣場上慵懶閒逛。善浩打來電話，邀請我晚上一起用餐，有奉俊、善雅和傑伊一同參與，他們已經訂好了一家格調頗高的義大利餐廳「PAGUS」。

進入餐廳已是晚上八點，想到德雷莎提過的庇護所規定，便提醒大家注意時間。善雅看出我的擔心，安撫說「別擔心、別擔心」。隨後我們每人點了一道義大利麵，相互分享，談笑酒敘。後來我們又加點了牛肉料理，需要烘烤，所以等待時間較長，等到上菜時已是九點半。

善浩和奉俊點的牛排不是放在鑄鐵鍋裡，而是懸掛在銀叉上，外觀有點像台灣的沙威瑪，外皮酥脆，肉質柔嫩，火候拿捏得宜，難怪要花較長的時間準備。當我們結帳離開時，已是九點五十，再過十分鐘，庇護所就要關上大門。

夜間驚魂

一出餐廳門口，正要詢問眾人回庇護所的方向，就看見善浩、奉俊和傑伊竟然準備抽菸，這心臟也太大顆了，太鬧了吧！我對著他們大喊「時間、時間」，我拔腿就跑，善雅不由自主地叫了起來，跟在後面展現手刀實力。等等，剛那個一臉溫柔，聲音細膩安撫大家的韓國女生呢？

跑著跑著，大口喘息，掏出手機查看導航，用手機確認方向，搞得像是拿著羅盤趨吉避凶，指點方位。路上的行人神色各異，大概覺得這群亞洲人很像神經病。背後的善雅忽然一溜煙竄了出來，超過了我，一手拿手機，一手指方向，邊移動邊大喊「那裡，跟我來！」

我的天啊，那一刻，我覺得她宛如道士，穿著黃袍手持桃木劍，嚴肅地大喊「魔鬼，你哪裡逃！」堅定地前進，速度之快，一下子就消失在夜色中。我跟在後頭，上氣不接下氣，另三個大男生一臉輕鬆，雙手插入口袋跑著，我內心倒數計時，腦海浮現出在外找旅館的狼狽畫面。

不遠處看見庇護所了，加速狂奔，過程中屢屢喊出「My God（我的天）」！希望上帝能通融點時間，更差點用中文喊出「等等我」，三步做兩步，踉蹌地通過大門，爬上二樓，終於抵達，在門口彎腰撐著膝蓋喘氣，眼角撇見室內有燈光，有光，人就心安，九點五十八分，今夜不用當朝聖流浪漢了！

24

溼透了，就不怕雨

萊昂 → 比利亞當戈斯德爾帕拉莫

- D21 -

- 今日公里數：22
- 今日步伐數：30,751
- 距 離 目 標：275 公里
- 今 日 開 銷：午餐 4 歐元，雨衣 6 歐元、庇護所 10 歐元
- 今日超幸福：洗澡、洗衣服

若生命是一杯咖啡會是什麼味道？都說聖雅各之路是生命的濃縮，那麼這條路應該是濃縮咖啡（Espresso），偏苦澀，卻餘韻悠遠，令人著迷。

告別萊昂，上路前往下個目的地，最後因雨耽擱，僅留宿在比利亞當戈斯德爾帕拉莫，日程約二十二公里，瓢潑大雨，逆風苦行，氣溫驟降，部分路段積水成窪，只好涉水漫步。行走時，腦海中浮現一句話鼓勵自己：「人生像心電圖，不可能有永遠平坦的直線，除非你死了。」

因為貪便宜，在迪卡儂購買的百元雨衣，卡在四十八升背包上方，無法完全覆蓋全身，除非有人幫忙，否則真像鐘樓怪人。只好轉進一家雜貨店尋找簡便雨衣（Poncho），穿上後再次進入雨中奮鬥。

全身都溼透時，就不怕雨。

我腳程慢，一路不敢停止，風雨中更慢，唯一停下一次是躲進路邊的公車站，利用小屋簷避雨，吃餅乾和小麵包。當卡車經過積水時，水花四濺，只要食物不受影響，我也無所謂。

雨中的轉機

繼續上路，已至下午體力變差，轉進公路旁的休息站覓食，推開門一股難聞氣味襲來，滿地垃圾不說，似乎有人踩到糞便，觸目所及，人多是長途卡車司機來喝杯飲料，短暫休息，而我走了二十一天，鍾鍊多，不以為意，即便氣味難聞，我也妙，竟可自在地喝咖啡，所以只要心靜，就會真的隨遇而安。

看了一眼時間已下午三點，估算路程還有好幾公里，不能再待了，從休息站出來，大雨漸歇，風勢卻變強。防雨外套、褲子、雨衣從全溼到幾乎被風吹乾，就像經歷一場三溫暖，然後雨又開始下，再次變溼。

腦中盤算著，目前已走了十八公里，今天是要走二十四還是三十一公里呢？這兩個落腳處的城鎮規模不同，一個小一個大。小的城鎮沒有超市，庇護所也沒有廚房。雨勢時大時小，心裡頗有繼續走到三十一公里的想法。

「史蒂芬，你現在在哪？」善浩打來電話。「我叫不出城鎮的名字，但我猜我現在應該在聖馬丁（San Martin）前面了。」我回答。善浩說：「我們在路上遇到一個人，他剛好是庇護所的志工，他邀請我們去躲雨，說庇護所裡的設施很好，我們過去吧。」

能在雨中為你帶來曙光的，正是人間溫情。

這間庇護所前身是學校，曾歷經火災，還好無人傷亡，後來改建，室內風格清新乾淨，推開門會先看到一張小學桌椅，牆上張貼著懷舊的師生黑白照，使人憶及校園。我進入庇護所，渾身溼，羊毛襪內還積著水，但先拿護照辦入住，志工說：「不急，慢慢來，先去洗澡，當這裡是自己家，舒服以後再辦手續。」後來知道，這間庇護所採捐獻制，你想給多少歐元都可以。

「你是我接待以來，第一個碰到的台灣人。」志工翻開我的朝聖者護照後說。

25

迷路，可能是捷徑

比利亞當戈斯德爾帕拉莫 → 阿斯托加

- D22 -

- 今日公里數：32
- 今日步伐數：43,575
- 距 離 目 標：243 公里
- 今 日 開 銷：午餐 4 歐元、庇護所 7 歐元、採買和晚餐 9 歐元
- 今日好驚喜：在原野上看見彩虹

清晨，許多朝聖者在走廊整理行囊和裝備，庇護所播放著加拿大詩人歌手李歐納・科恩（Leonard Cohen）的歌曲，磁性沙啞的聲線，迷人的靈魂嗓音，讓人一早就擁有好心情。眾人盡情取著果醬、奶油抹上吐司，喝著熱咖啡和牛奶，此起彼落交談今日路況，而庇護所志工就在一旁熱心服務，深怕哪個人沒吃飽。

離開前我若有所思，這間庇護所原本是一所學校，而在這個世界上，從生到死，我們都是學生。上路前，我、善浩、奉俊和傑伊特別到庇護所的米黃色牆邊合拍了一張剪影照，日出東方，我們有太陽作為靠山，照亮我們前行的路，繼續向西走。

上路後，遇到一位來自肯亞的女朝聖者，她身材高挑，接近一百八十公分，黑色的皮膚在陽光下更加光彩照人，她戴著黑框眼鏡，看起來既前衛又智慧。我們稍微寒暄，問她為何來走朝聖之路，她說：「我也想知道，為什麼我會踏上這條路，我來尋找答案。」

自從第一天起，我從未迷路，但今天從比利亞當戈斯德爾帕拉莫走到阿斯托加的途中，約三十二公里的路程，我因低頭沉思而錯過標誌，最後走進一片廣闊的農田中，兩旁是廣袤的玉米田，沒有人煙，眼前不遠處有座城鎮，因為覺得迷路了，所以沒走進去。

除了已達目的地，或者前往超市與餐廳使用過導航外，在路上從未使用過導航，今首次使用，引導我走回正確的道路上。「你走錯了，對嗎？」美國人凱文看到我問，「對，我在想事情，錯過箭頭。」「我看你走好快，叫都叫不到你。」他說。

我在想什麼呢？當我走在這片自然的原野中，我突然領悟：「生命就像一座遊樂園。」

生命遊樂園

每個人從管理員那裡領到門票，進入這座巨型遊樂園體驗，有驚悚刺激的雲霄飛車、恐怖陰森的鬼屋、天旋地轉的咖啡杯、極致搖擺的海盜船、輕鬆溫柔的旋轉木馬、突然陡降的大怒神、瞬間升高的極速電梯、選擇多樣的美食街、琳瑯滿目的購物廣場等。

時間到了，我們得把門票還給管理員，祂會問你遊園心得。

有的人一直在購物廣場血拚，迷失在物質慾望中；有的人不敢接受刺激，僅坐旋轉木馬；有的人吃不停，動彈不得；有的人愛雲霄飛車，所以重複玩；有的人被大怒神嚇到，呆坐原地；少數有些人，每個地方都體驗了。

你是哪一個？時間到了，我們都得離開遊樂園，放下執念，才能玩遍，相信臣服才有體驗，然後把門票還給管理員，再去別的遊樂園。

放下很難，放下不難。

陽光是燈，一下亮一下暗，上帝在玩開關，聖雅各之路的天氣測不來，剛從庇護所離開時，晴朗多雲，走了幾公里後，轉進維拉雷斯德奧爾比戈，烏雲像張發黑霉的巨型被單，迅速籠罩天空，驟雨降下，朝聖者們紛紛換上防雨裝備，往下個城鎮邁進。

我迷路後，透過導航回到正確的路，走了幾公里，先經過奧爾比戈醫院城鎮（Hospital de Órbigo），踏上千年歷史的古橋，中古世紀時，這是座重要城鎮、醫院，由耶路撒冷的聖約翰騎士團經營，可能由於現在是冬日，許多商家幾乎未營業，只好續行。就在我遭遇大雨，來不及換裝時，看到眼前即將進入的地方，竟是原先迷路時遇到的那座城鎮。

有時你以為是迷路，但其實是捷徑。

終於抵達阿斯托加公立庇護所，眾人相約前往超市採買，回來後一同烹飪共享晚餐，傑伊特別在番茄義大利麵上撒上許多起司粉，份量之多令我吃驚，但仍吃得津津有味。餐後，我和其他朝聖者到陽台上欣賞山景，青蔥翠綠，一覽無遺，來自各個國家的人在陽台上閒聊，喝著熱茶，被美景迷住，留在原地不肯離去。

26

上帝視角

阿斯托加 → 拉巴納爾德卡米諾

- D23 -

- 今日公里數：32
- 今日步伐數：43,575
- 距 離 目 標：210 公里
- 今 日 開 銷：咖啡 1.5 歐元、小禮品與採買 31 歐元、高第博物館 5 歐元、庇護所 10 歐元、晚餐 14 歐元
- 今日好感謝：庇護所的主人，David（大衛）西班牙人

阿斯托加是歐洲的巧克力發源地，城市有高貴文雅的氣質，另有阿斯托加主教宮，傳奇建築師高第操刀，外觀就像座迪士尼城堡，裏頭有豐富的歷史館藏，很值得一看。今天夥伴們從阿斯托加出發，預定前往拉巴納爾德卡米諾，約二十六公里，我刻意放慢步伐，想再遊覽城市，我先到了高第咖啡廳，要了一杯熱拿鐵，附了一塊巧克力蛋糕，看著窗外的建築傑作，坐下寫字。

腦中浮現世界歷史，從東方至西方，任何窮兵黷武的豪強帝國，皆已煙消雲散，甚至後人幾近遺忘，但捧著佛經、聖經和古蘭經等良善經典的人們，沒有刀械槍砲，沒有軍馬火藥，卻橫跨了兩千餘年，還在風雨中持續堅定前行。人們崇尚武力，但真正偉大的，從來都不是用來殺人的武器。

再想起歐洲歷史，耶穌、聖母、十字軍東征、穆斯林、聖殿騎士，書不盡的糾葛，都說戰勝者擁有「定義權」，他們忘了，未來的人有「詮釋權」，隨著時代不同，意義可能有所演變。

歷史是已發生的事，你可自行解讀，喜劇或悲劇，當下的一念而已，人生亦然，

「已發生的不會改了，能變的是你如何看待」。

時間真的並非線性，有些過往，一幕幕影像常於腦海重播，加深你的悔恨，直至今日，你有新的體悟，再去看待從前，已然不同，「你重新詮釋了」，過去也就變了。而未來，只得透過「此時」發生，所以「專注當下」，它是過去、現在與未來的唯一交會點，能夠改變一切。

等到教堂與博物館開了，我沉浸於歷史中，高第未踏入婚姻，終生僅做一事，建築與設計。才子的女人緣向來極佳，但興建聖家堂時，信仰為上，過著修士般的生活，搬到工地住，終年時在一次做禮拜後，走在路上，不慎被車撞倒，因衣衫襤褸，人們以為他是流浪漢，所以未及時救治。

傳奇人物，都有傳奇故事，通常本質都是苦。

苦的還有「三明治牢房」，在阿斯托加主教宮與修道院旁的一側，有扇小鐵窗頗高，因此人行道上設有石梯，可供人爬上，往裡面瞧，對了，是三明治牢房。中古世紀，不少有信仰的人，覺得自己有罪，於是自囚在小房間內，晨昏聽彌撒、鐘聲，終身不出門，老死在此，藉此彰顯信仰，據說，不少人都是女性。我站在牢房外，撫摸著牆壁上的石頭，默禱千百年來的靈魂，可以獲得所想。

告別博物館繼續上路，經過聖胡斯托德拉維加，是上下坡地形，遠方一個黑衣男子提著兩桶水走來，我沒多想，持續邁步前行，山風寒冷，我遠遠地看見傑伊向我招手，他身旁的建築物狀似小木屋，又像簡易搭建的路邊小店，走近一看，竟像樂園！

這裡有提供食物的木製餐車、大型木桌上擺滿水果、手動式果汁機、設計感活潑鮮豔的小花園、數張可以過夜的床、還有一個開放式的小木屋，裡頭有小客廳和燒柴式暖爐等設施，這一切都奉獻給朝聖者。不論是食物、咖啡還是過夜，都可自由使用。對我來說，這是一間沒有磚塊和水泥砌成的「開放式庇護所」。

原來，這庇護所的主人就是提水的黑衣男子，西班牙人大衛（David）。他每日從山腳下憑藉體力提水桶爬坡，將水分享給往來的人，令人深感敬佩。

我之前沒有注意到的人，其實在發光。

扎著小馬尾的大衛有張英氣成熟的臉龐，他是走在路上，女生會多看幾眼的浪子類型，他經營此處，採捐獻制，想給多少他不問，不給也沒關係。「大衛，你為什麼想做這些，這都是你一個人搭建嗎？」我問。他說：「上帝和我一起搭建，還有其他人幫忙，我想奉獻與分享，表達生命就是一種簡單，而簡單能帶來快樂。」

大衛把視線投向曠野，繼續說：「人們經常貪求，甚麼都想要，甚麼都不滿足，結果到最後跟坐牢一樣，被身外物控制。我們內心有個小孩，你內心也有，他常常會躁動，瘋狂，所以我們要平靜下來，就能感受到快樂。」

殊途同歸

「這就是我建造這裡的目的。」他說，然後看向我們，眼神中飽含智慧與溫暖的意涵，除了傑伊、我，善浩、奉俊、美國人特魯米、凱文、德國人理查德（Richard）都已陸續抵達，並對這裡的一切感到驚訝。大家洗耳恭聽，仔細望著大衛，「你經營這裡多久了呢？」我問，「十四年。」他聳了一下肩。這世界，勇敢發光的人很多，他們不問報償與回報。冬日人少，許多庇護所沒開，然而大衛還是每天到這裡，風雨無阻，等候朝聖者交流幾句話，為某些靈魂裝上指南針。

拿起大衛設計的印章，扎實地蓋在朝聖者護照上，圖形是顆紅色愛心，此印記可連結他的初衷，將勇敢落印在心底。告別後，我在路上思考，一路上遇到許多人，他們經常提起上帝，那麼祂的視角是什麼樣子？

是否像我看螞蟻那樣？螞蟻從家裡出發，跋山涉水尋找甜食，路上遇見其他生物，躲藏、窺探或交流，然後繼續前行。我低頭看牠，牠的過去是走過的痕跡；而現在，是牠當下正在走的路；而未來，是我一眼即知的障礙物。牠若翻越過去，就是歸途。

看著螞蟻，牠覺得自己迷路了，左顧右盼，東張西望，繞來繞去，顯得很恐懼。牠不知道只要順著走，攀過障礙就能看到家鄉。但牠心中的不安，正是小我的養分。

小我越壯大，大我就越消失，我能看到螞蟻的未來，如同上帝看到我的一樣。

繼續上路，撿到一枚貝殼，外觀還算乾淨，判斷是某個朝聖者遺失的。原來，在旅途中，走得慢也有好處，可能有「意外收穫」。抵達拉巴納爾德卡米諾庇護所時，志工跟我介紹設施，她來自義大利，身形高挑，樣貌像極了〈神力女超人〉以色列女星蓋兒加朵，我小小害羞了一下。

特魯米坐在門口伸展筋骨，「特魯米，你知道這是誰的嗎？」我出示貝殼。「是那個肯亞女生的！」她說。「肯亞女生很懊惱，在路上搞丟了貝殼，你也知道貝殼代表甚麼，她很難過。」她跑去跟肯亞人說：「嘿，你的禮物在這裡，」特魯米笑著說，「史蒂芬撿到的。」

肯亞女生面露驚喜，跑來向我道謝，眼裡盡是感恩，而我腦海浮現的是成語「失而復得」，卻不知道如何翻譯。

如果你檢視貝殼紋路，會發現如張地圖，從貝殼心到貝殼邊，輻射出各種角度，但若從貝殼邊向貝殼心來看，可聯想「殊途同歸」，人家都從不一樣的地方來，最後回到同個地方去！因此貝殼是朝聖之路的象徵，有神聖意涵，每個朝聖者把貝殼別在背包上，勇敢上路。

27

眷顧

拉巴納爾德卡米諾 → 蓬費拉達

- D24 -

- 今日公里數：32
- 今日步伐數：44,205
- 距 離 目 標：179 公里
- 今 日 開 銷：早餐咖啡和小麵包 5 歐元、下午茶 7 歐元、庇護所 10 歐元、採買 10 歐元
- 今日好幸運：豐塞瓦東（Foncebadón）的一杯熱咖啡、遇見熊

第一次聽到熊的話題是在龍塞斯瓦列斯，法蘭西之路的首日高點。西班牙人烏斯曼和荷蘭人傑森討論路上的野生動物，提到熊時，傑森用手埋著臉說：「天啊，不要吧！」「不用害怕，熊也不想接近人。」烏斯曼解釋。

此後不知為何，我腦中有了熊的念頭。

今早從拉巴納爾德卡米諾出發至蓬費拉達，路程要爬上一千五百公尺高，再下降至五百公尺，全程三十二公里，行程艱辛！有些人使用「驢子服務」，把行囊寄至下個落腳處，只需要七歐元，但我頑固就揹著！

搶時間我第一個出發，天未亮就上路，晨曦微微露臉，獨自走入荒野山林中，大小不一的碎石路容易拐腳，我始終注意腳下。餘光突然瞥見東西移動，在眼前走路約五至十秒的距離，看見母熊帶著小熊約兩或三隻，從我前方的右邊山坡上，小跑下來，到路中間後，再迅速到左下方草叢中隱沒，不知去向。

驚呆！第一個念頭是山豬嗎？第二個念頭是最小的那隻是熊！我竟無恐懼，跑至他們消失的草叢處，希望能再次看見，卻已無蹤跡。風起時，一整片綠草彷彿波浪，像上帝的手撥弄，露出隱藏的縫隙，響音沙沙，層次有序，卻未再見龐然身影。我呆站原地幾秒，確認這是一次「美好的錯過」。

路程中，回想起首日聽到熊的話題，腦海中浮現影像，未曾想，竟能如實遇上，而且沒有驚濤駭浪，只有風平浪靜。

當我攀至豐塞巴東（Foncebadón）時，恰巧遇見了一位金髮蓬鬆、碧綠大眼的酒吧老闆。他首先用韓語向我打招呼，而我回答我來自台灣時，他放聲大笑，表達歉意。我向他詢問熊的事情，他說對，有熊出沒，我非常幸運，熊媽媽沒看到我，不然保護孩子的本能天性，遇到陌生事物不知如何反應。

酒吧老闆端來一杯熱咖啡，「你非常幸運。」他再次重複，店內無人，幾隻米克斯貓兒鑽進鑽出，在腳邊蹭膩留下氣味，窗外景致一片欲雪未雪，深白瀰漫，他播放了酷玩樂團（Cold Play）的歌曲，特別適合當下，有種超現實的魔幻之感。

走在路上我反覆思量，如果更早出門，如果路上減少休息時間，如果步伐再快一些，就能縮短這十秒的距離「狹路相逢」，熊媽媽會跟我握手言歡，談聖雅各的故事嗎？還是，我可能立碑在此，供後面的朝聖者拍照。但在這個宇宙裡，發生的事實是短短步行距離，我們各自安好的擦身而過，如此眷顧，這機率我不會算，感謝上帝。

生命的安排

你是否想過，能生活至今究竟有多少「安全巧合」，毫無意外地如常運作，讓你走到今天？比如過馬路時，沒有遇到粗心的駕駛將你撞飛；走在人行道上，施作高空修繕或清洗的工人，沒有不慎掉落器物砸在你頭上。每個能在世上繼續體驗生活的人們，要感謝的何其多。

抵達蓬費拉達的公立庇護所，進入公共區域，看見一群長者正喝茶聊天。進入房間後，發現德國人理查、善浩、奉俊以及一位我不認識的法國朝聖者，都已在洗漱。

德國人理查睡我隔壁，僅二十歲初頭，一臉稚氣，斯文有禮，身高一百九十公分，金髮碧眼，素食主義者，食量驚人，他的裝備行囊特沉，因為他揹負了一個帳篷，卻無用武之地。他在路上結識美國人特魯米、凱文，三個人聊得來，就一直一起行動，法蘭西之路結束後，他還要繼續走路前往葡萄牙。

我在路中買了三個伴手禮，各自具有紀念意義，送給善浩的是一個金色棉布鑲上銀邊的心形貝殼吊飾，我告訴他這代表心意，我們來自不同的地方，然後在這裡相遇，最終我們也會聚在一起。

我送奉俊一個木製貝殼項鍊，因為他說來走路是找人生答案，想知道自己要什麼，對什麼有熱情，我告訴他回韓國後，可能又會回到現實，當你看到貝殼項鍊時，希望你想起曾經放棄一切，上路尋找自己。

我知道傑伊想進高第博物館，卻因提早上路，錯過開放時間而未入內，我因為犧牲路程時間，所以進了博物館參觀，特別買了紀念硬幣送他，傑伊表情很驚喜。我問他：「你腳程好快，前一兩天沒住一起，我以為遇不到你了呢。」這條路上，有些人錯過，可能就是永別。「大家都在這，我不會離開，我會留下來。」傑伊笑著說，我卻有種感動，油然而生。

隔日清晨上路前，空氣清新，我站在庇護所門口外伸展，眼神正巧與同房的法國朝聖者對上，他打著赤腳，從室內走出來與我寒暄，更顯自在，我簡單自我介紹，並說明法國好美，他說他逆行，從終點聖城一路走回法國的家，我們互道一路平安，他擁抱我時身體貼合，沒有縫隙，你能感受到一個陌生人，透過溫柔的力量，給你真實祝福。

28

簡單

蓬費拉達 → 別爾索自由鎮

- D25 -

- 今日公里數：27
- 今日步伐數：37,064
- 距 離 目 標：152 公里
- 今 日 開 銷：咖啡 3.5 歐元、午餐 12 歐元、庇護所 12 歐元、採買 3 歐元、晚餐 13 歐元
- 今日印象深：某醉漢在我面前搧人耳光

從蓬費拉達到別爾索自由鎮，約二十七公里，會先經過一個小鎮富恩特斯努埃瓦斯（Fuentes Nuevas），我在一家小酒吧內點杯熱咖啡享受寧靜，卻意外發現，老闆長得很像音樂人張震嶽，他看著我，右手摸著心口說，Buen Camino（一路平安）。

音樂正在播放，〈The Last Goodbye〉（最後的告別）。我坐在一幅裸女圖旁喝著咖啡，回想聖雅各之路的十三個日常：醒來收睡袋、洗漱刷牙、早餐、整理行囊並出發、走路、休息、抵達庇護所、鋪床、洗澡、洗衣服和晒晾、晚餐、洗漱刷牙、睡覺。

如果聖雅各之路是一首歌，旋律一定很簡單。簡單的旋律往往洗腦，簡單的生活帶來快樂。多，意味著豐富、重；少，則意味著簡單、輕。生命就是在多少輕重之間，尋求自己喜歡的配比。

我正走向平衡的道路上。

以前，我不可能和陌生人共用洗衣機、烘乾機、躺在無數陌生人用過的床鋪、每日渾身髒灰、聽著各種頻率的鼾聲。很多變化都是不可能，現在卻成了日常。〈The

Last Goodbye〉（最後的告別），對過去的自己說聲謝謝，再見，在路上尋找新的自己。

終點，絕對是起點

抵達別爾索自由鎮庇護所，女主人一身文藝氣息，肩頸、手臂等處都有美麗刺青，內部空間陳設水晶，讓人頗有誤入神祕處所之感，房門外有庭園，放著幾張純白塑膠桌椅，自然草坪上懸掛幾束晒衣繩，鮮豔的登山裝攀扶在那享受微風，天色尚好，淺藍中帶點蛋殼白，我喝著即溶咖啡，無人打擾，沒想到我今天第一個抵達。

晚間眾人吆喝一起用餐，走去廣場邊上的餐廳，各點各食，我老規矩隨意亂點，細心的善浩特地看了我的點單，轉頭問：「你知道羊起司嗎？」我聽不太懂，露出狐疑表情，傑伊重複：「味道很重！」手還在鼻孔旁揮了一下，我腦海浮現畫面，對比情境，「老外在台灣吃臭豆腐」，嚇得我趕緊改單，善浩真是太好了。

今天新認識的朋友是美國人加百列（Gabriel），與特魯米、凱文坐在鄰近處交談，因為在廣場上吃飯，入夜後本就低溫，加上風肆無忌憚，眾人邊吃邊發抖，又因氣氛熱絡，誰也不捨離席，再大口喝啤酒，隔壁店內傳來尖叫與嘆息，伸頭一探，原來是有足球賽，一堆西班牙人坐在一起看電視，碰撞的玻璃聲表達出氣氛，「日常即是幸福」，多美好的一夜。

29

風雨冰雹後，將有溫暖

別爾索自由鎮 → 奧塞布雷羅

- D26 -

- 今日公里數：30
- 今日步伐數：41,016
- 距 離 目 標：122 公里
- 今 日 開 銷：早餐 8 歐元、可樂 2 歐元、下午茶 7 歐元、庇護所 8 歐元、請客 28 歐元
- 今日最幽默：男洗澡間沒有門，相互坦誠，我本來想表現「台灣氣勢」，卻發現隔壁洗澡的是身高近 190 公分的美國人、德國人等，果斷決定「面壁快洗」，速戰速決

早晨醒來，以為是某個朝聖者的鬧鐘，仔細聆聽，是窗外鳥鳴。

路燈照進房內天花板，光線斜斜地，像書桌上的檯燈光影。我還在賴床，但善浩徑自朝我走來拿走睡袋，他今使用驢子服務寄送行李，他的貼心，讓我肩上可減少一公斤，我們各自上路出發。

冬日的聖雅各之路經常一路無人，我有時走著回頭張望，長長路徑只有風沙，但繼續前行，旁邊卻突然出現朝聖者，不只一次，我常想朝聖之路是否有暗道，比如哈利波特的九又四分之三月台、或朝聖者有特殊能力，像龍門客棧裡的刁不遇，遁地乍現。

美國人加百列應該有特殊能力。

今日路程要從別爾索自由鎮到奧塞布雷羅，約三十公里，攀爬的海拔約七百五十公尺高，路程並不輕鬆，途經維加德瓦爾卡爾塞（Vega de Valcarce）小鎮時，回望無人，沒多久，加百列就出現在背後，灰白鬍渣長在小臉上，濃眉大眼，超過一百八十五公分，昨晚夜裡共餐時看不清楚，今才發現是個帥哥。

他辭去工作約一年半，去環遊世界，在土耳其待三個月，又去羅馬尼亞等地，他說旅遊能拓寬眼界和想法。加百列說，「我去土耳其時，他們以為我是土耳其人，真有趣，我和他們一起抽雪茄，聊歷史和世界，我很享受在土耳其的時間，我會再回去」。

話鋒一轉，他突然說，以前台灣是否因為本省和外省，所以有甚麼情感問題，還知道台灣的政黨政治，他甚至明白，台灣除中文外，還有一種更接地氣，更有感情的語言，年長者較常使用，問我是甚麼語言。

果然用腳認識歷史，比看書更深刻。

今天路程硬，連腳程非常厲害的傑伊也說受不了，風雨冰雹考驗朝聖者，我一路從五百二十公尺高的地方，攀向一千三百公尺高的奧塞布雷羅。走到拉法巴（La Faba）時，風雨交加，氣溫驟降，想找個酒吧躲下風雨，但傾盆大雨模糊視線，完全看不清，一回頭就見風雨之中，有個挺拔身影未撐傘，左手指著一個方向。

善良的陌生人

他名字叫大衛（David），引我走進酒吧，示意坐下，接著升火讓我取暖，再說了一串西班牙語，似乎是吃的，問我好不好，他端來一盤熱湯、麵包、起司、臘腸、還有熱咖啡，總共才七歐，我問他怎麼知道我在找酒吧，他說在店裡看到我經過，風雨很大，出來看我要甚麼，觀察了一會，確定在找餐廳，他等我回頭，在風雨中沒有撐傘。

他大可躲在店裡等我上門，但良善，不是一門生意。

餐後我繼續上路，路過一處小農倉，定睛一算，眼前有三隻牛，十幾隻野貓，棲息在成捆的農草上，飄來陣陣野腥氣息，我正欣賞時，天氣突然徹底失控，大量冰雹毫無預兆，瘋狂撒野，從天而降射向地面，像是細小砲彈一樣，砸在臉與手上會痛，我躲在一處小房子旁，可屋簷太窄毫無用處。

走投無路時留心身旁，上帝不會拋棄人，除非我們放棄自己，祂總是給你留盞燈。

這種天氣，荒郊野嶺怎麼可能剛好有台藍色房車經過，駕駛迅速煞車，側身打開副駕的門示意上車，我告訴他堅持走路，向他表達非常感謝，幫他關車門，目送他離去，直到看不見車尾燈，我默禱他平安，也感謝上帝。

冰雹夾雜著雨水，瘋狂下起來，我低著頭持續邁開步伐，告訴自己忍忍就好，不知不覺間，就走到了奧塞布雷羅，我拿著手機導航庇護所，旁邊一對身穿鮮豔雨衣的年長朝聖者看到我，叫我跟緊，真是太幸運了！

幾分鐘後，我們就到了庇護所，我快步走進屋內避開風雨。辦理入住手續時，一位志工觸摸到我的手，說了句西班牙語我聽不懂，可能是在說「你的手怎麼這麼冰」，然後她以雙手包裹我的手，傳遞溫暖，這一刻持續了十秒鐘，她微笑注視著我，沒有言語。

進房後，看到加百列已躺在床上看書，我坐在床邊稍緩一下，渾身溼透，體溫降低，我閉上眼細數呼吸，讓受寒的身體先回穩，他起身到廚房，泡了杯熱的綠茶，走回房內拿給我說：「這杯雖不是台灣的珍珠奶茶，但我覺得你會需要。」若手指像冰塊，它正在融化。

30

像沒來過一樣

奧塞布雷羅 → 特里亞卡斯特拉

- D27 -

- 今日公里數：23
- 今日步伐數：31,793
- 距 離 目 標：129 公里
- 今 日 開 銷：早餐 4 歐元、午餐 5 歐元、庇護所 12 歐元、採買 5 歐元、晚餐 13 歐元
- 今日最感傷：我聽到蕭煌奇的〈阿嬤的話〉時，一路淚流滿面
- 今日最幽默：番茄醬、蛋、飯

活了四十二個年頭，扣除掉工作經歷，未在外地待如此久，一腳一步，橫越異國，認識別人，認識自己。踏過融雪的溪流，踩過冬末的枯草，撫過百年的城堡，再不久就臨春了，長這麼大第一次，你應給自己一次機會，去哪都好，離開原來的環境，去冒險一下，找尋自己。

早晨從奧塞布雷羅的庇護所離開前，將床鋪恢復原樣，回望一眼，「像沒來過一樣」，感觸極深。我們把焦距拉長去看生命歷程，看到的人，來來去去，死死生生。就像電影〈露西〉其中一幕，利用縮時手法讓觀眾看見，百年前的紐約時代廣場，曾佇立一座座磚瓦矮廈，時至今日皆成摩登大樓，而走在其中的人們，輪迴一次又一次，曾出現又消失，「像沒來過一樣」。

但願每個靈魂，經歷每場輪迴，乘願路過，皆有收穫。

在離開奧塞布雷羅前，我特地拜訪傳奇性的皇家聖瑪莉教堂，建於西元九世紀，朝聖路上最古老的教堂之一，有紅酒變血水的傳說，我恭敬虔誠地站在教堂門口，雙手合十，閉眼默禱，祈願親友安好、豐盛。

語畢剎那，教堂鐘聲突然驟響，我心震顫，彷若電流，通向我體內四面八方，鐘聲就像回應心願，聲音從宏亮漸弱，聲若如絲，餘音繚繞，似息未息，悠悠入心，我有種感覺，上帝應許了，我在教堂掉出眼淚，風拂過，眼皮涼涼地，心熱熱地。

教堂旁有神父伊利亞斯．瓦利尼亞（Elias Valiña）的雕像，八十年代，朝聖之路曾經被人遺忘，因路線過於複雜，神父研究路線後，開著載滿黃色油漆的車子橫越西班牙，一路繪製「黃色箭頭」，讓朝聖者不會迷路，法蘭西之路又重新發光了。

朝聖之路的故事，起源於耶穌的十二門徒之一，聖雅各，祂殉道後八百多年，在西元八百一十四年，一名隱士依循流星墜落的方向，發現祂的墓葬遺跡，當時的西班牙國王阿方索二世（Alfonso II），在任內證明遺骸是聖雅各，便下令此地興建大教堂。

消息傳出後，全世界信仰者從自己家鄉走到聖地亞哥－德孔波斯特拉（Santiago de Compostela），走了一千兩百多年，不是路也踏成路，至此，聖城成為歐洲重要的基督教朝聖中心。

番茄醬、蛋、飯

到了特里亞卡斯特拉時，聖城大教堂的原材料，大部分出自這，城鎮規模很小，但應有盡有，庇護所的舒適更勝大城市，我坐在烤爐旁看星火，回想今年辭去一切，像船舶失去陀螺儀，沒了指南針。數周前，從猶疑到下決定，做功課，練習走路，關上耳朵，然後飛出去，到現在沒有後悔。

朝聖之路上的日子剛滿月，生活很純粹，簡單到常不知如何寫日誌，長這麼大，留了三十天時間給自己，工作後是第一次，隔天將邁向距離終點一百公里的城市薩里亞，此刻我內心感受很不真實，「像沒來過一樣」。

晚上與善浩、奉俊和傑伊一起去庇護所開設的餐廳吃飯，環境出乎意料的舒適，一樣用谷歌翻譯看菜單，竟有海鮮飯、番茄蛋炒飯！必須點起來，一人份的海鮮飯，裏頭有蝦、章魚腳等食材，米飯浸泡海味湯汁，飽含鮮美，粒粒胖碩，再放片黃色檸檬，酸香中和，煞是美味，給讚！

然而，當番茄蛋炒飯端上來時，我差點說出髒話。谷歌翻譯上明明寫的是「番茄蛋炒飯」，結果上桌的卻是「番茄醬、蛋和白米飯」，而且還是分開的。這是什麼玩意？剛一上桌，韓國的弟弟們就互相對視，討論我的餐點。看到我的表情，他們想笑卻又不敢笑，直到我用韓文說了一句「Shiba」，他們立刻笑了出來。

經歷一天辛勞，期待能飽餐一頓很重要，於是三個弟弟各自切下牛排，挾進我的盤子中，太令人感動了！但又想起我不吃牛，無奈再拿回去，奉俊不斷地說：「兄，你好可憐！」「Fuck，這什麼東西！這不應出現在菜單上。」我告訴他。

31

向左轉，向右轉是一樣的路

特里亞卡斯特拉 → 薩里亞

- D28 -

- 今日公里數：22
- 今日步伐數：32,288
- 距 離 目 標：107 公里
- 今 日 開 銷：早餐 5 歐元、咖啡和餅乾 3 歐元，庇護所 12 歐元、晚餐 14 歐元
- 今日印象深：雪融過後的溪水，無比冰鎮，腳放進水中撐不了 3 秒

早晨從特里亞卡斯特拉出發前，眾人一起享用早餐。他們先行，我在店內比劃著愛心，透過落地窗傳遞祝福，他們笑著上路了。今日前往著名的城市薩里亞，約二十二公里，幾步路就會遇到「選擇題」。

我離開餐廳獨自前行，走到巷弄盡頭是個T字型路口，那裏佇立兩座面東的石製貝殼標誌，陽光正巧灑下，像上帝打開手電筒照亮前路，要你看清楚，明示一條路是左轉，路程十九公里，將經過薩莫斯（Samos），另一條則是右轉，路程短少七公里，約十二公里，途經聖希爾（San Xil）。

這樣的路線規劃，像極大富翁遊戲中的「機會」和「命運」卡，一些人駐足，天人交戰，紛紛拿出手機查詢，或跟旅伴溝通討論，但考慮越久，糾結越多。到了巷弄盡頭我未停下步伐，也未改變速度，而是毅然左轉，挑選較長的路徑，渴望感受更多。

回想起在桃機地勤前，僅是背包該托運還是隨身攜帶，都顯優柔寡斷，這次，我彷若電光火石，沒有躊躇，我發現自己慢慢改變了。

宇宙浩瀚，但對你來說，其實只有你一顆星球，不管左轉、右轉，都不影響你的運轉，我不斷複習艾瑞克的名言，「朝聖之路（人生）不是比賽」，早到晚到，最終都會到，體驗過程才是目的。

向左向右，其實是同樣心境，我們從哪來，最後歸哪去，殊途同歸。走在路上，心有所體驗，有沒有一種可能是，人生劇本是自己寫好的，經由宇宙撮合，讓與你有業力之人，共同玩場「大家一起進步」的遊戲，然後你就誕生在地球上了。

從容

每次輪迴的劇情不同，但目標一樣，若未完成，就換個劇本再來一次，都說朝聖之路堪比人生，那麼跟賽西、奧茲一樣，從上次迄點接力，繼續踏上尋找自己的路程，抵向終點。

你也許知道鹽從哪來，組成的成分有哪些，你能滔滔不絕，條理分明，但說到鹽的味道，「只有親自品嘗」，你才能說出箇中滋味。所以我們來到世上，是要體驗所有的酸甜苦辣、愛恨情仇、春夏秋冬，才有機會發現智慧。

走在途中轉念這樣想，我就原諒人生中發生的所有事，從前讓我怨懟的人，如今我能頷首謝謝，感恩對方錘鍊讓我體驗，也希望所遇之人都能原諒我，無愧彼此，卸下負重，輕輕前行，這一切只要開始，什麼時候都不晚。

我坐在森林裡拿出紙筆，靜下心將人生的起承轉合寫出來，倘若人生是一部小說，只要我寫得足夠詳細，就會發現這本書最終想說什麼，書名是甚麼。

走向最後一百公里處，稍微看一下海拔圖、公里數、天氣預報，就能預估當日抵達時間，跟朝聖之路的前半段相比，已然不同。行囊沉，但負重能力增加；腳很痛，但腿的肌肉更紮實；身體苦，但心理更有彈性，我越來越從容地享受聖雅各之路。

聽溪流、聽風吼、聽鳥鳴、聽鐘聲；看自然，看晨昏，看歷史，看眾生，最後凝視自己靈魂，聆聽自己心聲。

32

泡麵夜店

薩里亞 → 波托馬林；波托馬林 → 帕拉斯德雷

- D29~30 -

- 兩日公里數：24；27
- 兩日步伐數：34,588；36,527
- 距 離 目 標：72 公里
- 兩 日 開 銷：早餐 4.5 歐元、貝殼禮物 4 歐元、午餐 12 歐元、庇護所 8 歐元；早餐 12 歐元、咖啡 1.5 歐元、庇護所 8 歐元、晚餐 12 歐元
- 兩日印象深：在波托馬林的主教堂牆壁上能看見數字編號，因為此地以前為了興建水庫需要遷村，村民將原教堂拆解後再移至高處還原重建

在大自然中，似乎很難心情不好，每日記錄的習慣未曾停歇，至此第一次發生，從薩里亞到波托馬林，約二十二公里；從波托馬林到帕拉斯德雷，約二十七公里，我未寫日記，也首次心情不佳，沒有理由。

我有個習慣，餓就會點很多，心情不好點更多，其中一日早餐，我點了蛋、培根、吐司、咖啡、熱巧克力搭配吉拿棒、橘橙蛋糕、柳橙汁，管他去死，我要吃很多！韓國弟弟們很驚訝，但除了硬梆梆的長棍麵包外，其餘吃光了，路上總要找些療癒。

心情差時就會發生不好的事，人有頻率，好遇見好，壞上加壞，比如我在店裡打翻咖啡杯，濺了自己與背包上都是，甚至溼透到褲子裡，韓國弟弟們看著我說：「你還好嗎？」隔壁桌的西班牙朝聖者望著我，好像想說什麼但沒說出口。

在帕拉斯德雷庇護所時，待床歇息不吃晚餐，獨自放空。晚間，韓國弟弟們跟其他朝聖者去吃飯，回程後，傑伊看到我還躺在床上，便說：「史蒂芬，走，一起去吃泡麵！」「我以為你們晚餐吃飽了。」我說。「晚餐很普通，快，來吃泡麵」於是一行人到廚房，煮剩下的韓國乾拌麵，非常辣的那種，但沒有碗，叉子也不夠，越刻苦，情誼便越深厚。

晚間十點，庇護所準時關燈，摸黑怎麼吃？四個人手機拿出來，打開手電筒，一個放在運動飲料下，襯出湖水藍，一個放在酒瓶下，照出翡翠綠，一個立起來替泡麵打光，彷如「泡麵夜店」。

韓國弟弟們知道我沒吃，特別挖我起來，把泡麵家當捐出來，這份恩情真的很難忘，謝謝宇宙，謝謝韓國帥哥們。「天啊，太辣了吧，明天一定會拉肚子」傑伊邊吃邊說，我辣到把舌頭往外伸，說不出話卻開懷大笑。

33

信仰

帕拉斯德雷 → 阿爾蘇阿

- D31 -

- 今日公里數：30
- 今日步伐數：40,331
- 距 離 目 標：42 公里
- 今 日 開 銷：咖啡 1.4 歐元、中餐 15 歐元、庇護所 8 歐元、晚餐 10.5 歐元
- 今 日 收 穫：原來一路上與我想法相同的人，不少

從帕拉斯德雷到阿爾蘇阿，約三十公里，已接近「法蘭西之路」的終點。入住庇護所時，遇到一位極為虔誠的朝聖者，雖不知其姓名，但印象深刻。

他剛抵達庇護所，挑選我隔壁的床鋪，特別的是下鋪沒人，他選了上鋪，我以為他腳力好，否則正常人並不喜歡爬上爬下，年輕人一頭金髮捲蓬，五官深邃，個子不高，長得很帥，他拿著盥洗用品走向廁所，打開門發現沒有淋浴設備，轉頭看我比出「洗澡間」在哪的問號手勢。

我比「跟我來」，我以為他很累說不出話，聖雅各之路上這樣的人很正常，後來知道，他從終點聖城走來，反方向要一路走回義大利，自己的家，全程約兩千四百公里，他已立誓路上「一言不發、一字不說」，沉默地，從終點走回起點。他寫道：We must reconnect to ourselves, with surroundings to find our way home. We are all going home.（我們必須重新連結自我與環境，才能找到回家的路。我們都在回家的路上。）

從何處來，終將回到何處，家。

我以為，一路上只有我這樣想，臨別前我告訴他，上帝祝福他，我希望他夢想成真，一路平安，和他擁抱時感覺很真實，不是禮貌的那種，他的身體完全貼近你，在朝聖之路上幾次擁抱，都有如此感受。

相遇與祈願

另名朝聖者來自波蘭，也一樣金髮蓬鬆，他是聖母瑪利亞的信仰者，法蒂瑪預言（Fátima）對他來說很重要，他一路上找尋聖母瑪利亞的教堂瞻仰、追思，瞭解故事。他二〇二二年七月開始走，預計走到二〇二三年七月，最後再走回波蘭，所以朝聖之路，僅僅只是他的「一小段」，他的行程目標是一萬公里。

當他身無分文時，他會幫助其他朝聖者剪髮以維生。神奇的是，他說總會有人提供他食物和金錢，讓他能夠繼續他的夢想之旅。這位年僅二十三歲的年輕人內心懷有祈願，每日默禱，堅信自己一定能完成這段旅程。

今天新認識一個西班牙朝聖者，名字叫迪亞哥（Diego），二十一歲，身高一百九十二公分，黑色捲髮，有時裝模特兒的外表，在西班牙的大學裡主修社會學，是單車選手，擅長登山車和公路車。第一次走上朝聖之路，歸納感受，發現原來生活簡單就能快樂，他開始能分辨以前和現在的差別。

和他一起走朝聖之路很好，因為他很健談，也想練習英文；和他一起走朝聖之路不好，因為他腿長是我兩倍，我得追趕跑跳碰。

34

破關遊戲

阿爾蘇阿 → 奧佩德羅佐

- D32 -

- 今日公里數：21
- 今日步伐數：29,589
- 距 離 目 標：21 公里
- 今 日 開 銷：早餐 4 歐元、中餐 15 歐元、庇護所 10 歐元、晚餐 11 歐元
- 今日最感傷：倒數計時

拉。

從阿爾蘇阿到奧佩德羅佐，約二十一公里，已相當接近聖地亞哥－德孔波斯特

最後約四十公里分兩天走，倒數第二天，刻意放慢腳步，慢到季節也要變了，從雪茫冷藏的二月冬末，進入山野披綠的三月春初，路上花團錦簇，嫩枝萌新，陽光灑下，光影像油彩潑滿山路，我嫌腳步還是太快，所以我經常停下來，跟來往朝聖者喊一路平安，熱情大聲。

四個西班牙朝聖者經過，鼓勵我一起上路，我回覆怕走到終點，一個朝聖者轉頭說，「朝聖之路沒有盡頭（Never End）」。八百里路上的朝聖者，有的遇到婚姻問題、失戀、親人往生、找尋生命答案、思考興趣、為犯下的罪孽祈求寬恕、跟從流行、紀念往事、實踐信仰、逃離生活、叛逆、旅行，或者，僅僅就是走路。

各種緣因，起點不同，走向自己定義的終點。但，走得越遠，離答案或寬恕越近？在某個小鎮，看到一面爬滿青苔的牆壁上，貼著各式色卡，滿載隻字片語：

「世界裡，只有一種現實，還是很多現實，我們忽略了什麼？」

「如果不停爭搶資源，導致自我滅亡，人們會停下來嗎？」

「核子武器，是否遲早被使用，只是時間問題？」

「記住前世，是否意味著，想起一個人曾對另個人做過什麼，這輩子，另個人也會對他做什麼？」

整面牆壁上都是哲學思考，宇宙很仁慈，幫助人們勤勞地進行格式化，因為無人能承擔往世債務的重量。記住，很重；遺忘，很輕。輪迴像遊戲卡關，祂給你無限次機會，這是一種很深層的愛，等待人們生出智慧，破關。

最後一晚

佛陀、菩薩、媽祖、耶穌、西方聖人都示範過了，徒弟們甚至傳誦經典，供人參透破關路徑，破什麼關？自己的關，藏在心裡深處的那個，最好的途徑是利他與分享。向主祈求智慧，祂使你經歷困難；祈求增加勇氣，祂讓你接受挑戰；祈求海闊天空，祂讓你面對執念。

走在路上，我反覆思考老子談道、佛說智慧、耶穌聖蹟。蓮花池裡有汙泥，卻是不能或缺的養份；朝聖之路上有牛糞，卻是翻土必備的滋養；濁世裡有陰險邪惡，卻能激發出良善慈悲。古人說的，正是朝聖之路節奏，走在路上我反覆看見自然循環。

尾聲，也是序曲；終點，更是起點。生命旅程是循環，從不認識自己、到認識自己、從不接受自己，到接受自己。你就是一座教堂，一處廟宇，可供人們朝聖，只要你開始領悟自己。

最後一餐，我向瑞士人馬丁自我介紹，他帶著女兒來走路，他的白色長髮比女兒的秀髮還長，狂野不羈的外型，有種成熟韻味，臂膀上刺著一條海豚圖案，馬丁說，你不需自我介紹，大家都跟我說你是史蒂芬，我知道你。我不會想到最後一晚酒敘，最多時竟有十六個朝聖者參與聚會，共享一夜，美國、韓國、瑞士、義大利、西班牙、台灣，一起歡笑度過。

一個人來的，結束前，一群人齊聚，跟生命一樣。

許多人談論家鄉與運動，更多的是聖雅各之路上的笑話。時光和路程一樣，走著走著就消逝了，明天一早，我們將出發前往聖地亞哥－德孔波斯特拉，終點。

「六點出發，準時。」善浩說，我被嚇到了！什麼，你再說一次，「六點，」傑伊補充：「因為十二點有彌撒，我們需要在那之前抵達，必須加快步伐。」我面露猶豫，因為不想急著完成，想放慢步伐，腦海裡開始搜索這三十多天來的路程點滴，然後想起賽西，不捨走到終點的情緒，不知是否一樣？

「史蒂芬，你得和我們一起走到！」善浩認真的說，表情慎重地看著我。

35

善浩

奧佩德羅佐 → 聖地亞哥－德孔波斯特拉

- D33 -

- 今日公里數：21
- 今日步伐數：31,551
- 距 離 目 標：0 公里
- 今 日 開 銷：咖啡 1.6 歐元、中餐 14 歐元、飯店一日 40 歐元、晚餐 14 歐元
- 今日有體驗：走得越遠，回到原點。人生，也許是逆向的，回到出發的地方
- 今日超驚喜：走到時，剛好有鐘聲響起

最後一天步行，捨不得結束的情緒滿溢，韓國大男生善浩今天特意與我一同上路，並肩而行。當我們進入森林時霧氣瀰漫，彷彿仙境。善浩開口劃破寧靜：「史蒂芬，我想因為有你，我才完成這趟旅程，我真的很想在聖地亞哥－德孔波斯特拉請你吃韓國料理，太可惜了，它竟然沒有營業。」

「史蒂芬，謝謝你。」三十多歲的善浩本就娃娃臉，掛著一副圓框韓式眼鏡，眼神裡滿是真誠，髮尾如韓劇男明星那般的捲度，有型可愛。這段旅程，讓兩個異鄉人結伴，真心相待。

我從未想過在路上會結識一個陌生人，進而成為夥伴。他像親弟弟一樣，照顧我的起居，共享行動電源、防晒乳、藥品。我這個粗心的人，東西經常遺失，有次整袋盥洗用品都丟了，他毫不猶豫地和我分享。雖然我感到不好意思，他卻安慰說：「多點人用我的洗髮精、沐浴乳，就是在幫忙減輕負擔，我反而要謝謝你呢。」

善浩第三次走朝聖路，節奏順暢的多，經常先到庇護所，然後就發地址給我，使我有落腳目標。有一次在弗羅米斯塔，他和傑伊選擇去住修道院，雖然住哪是他的自由，但卻和我道歉兩次，表達沒先說，對我不好意思，我告訴善浩這是你的路，你想怎麼安排都可以，不要擔心我，但我明白善浩把我放在心上。

我看著善浩說：「我也謝謝你，這一路上，是你在幫助我，每天找庇護所、餐廳，我好像只負責走路。你就像是我的弟弟，我想也是因為你，我才能完成這趟旅程。」原本白雲遮掩的藍天，走著走著抬眼望見，厚重的雲層處有破口，金光灑下。

善浩看著我，帶著一絲遺憾的表情和語調說：「啊，這是最後一天了。」

我想起朝聖之路的首日，在零度以下的龍塞斯瓦列斯夜裡，一個捲髮的韓國大男生在不可思議的時刻推開餐廳門，外頭風雪紛飛漫進室內。他是當日最後一個抵達的朝聖者，因為他的登山鞋不合腳，速度較慢。當他穿越雪夜，饑寒交迫時，我是第一個走向他給予幫助的人。這段記憶，他說他會深藏心中。

「這不是最後一天。」我看著善浩回應，心裡想著兩個異鄉人的相遇，共同走向終點，互相扶持照顧，正如電影中的名句，「人世間所有的相聚，都是久別重逢」，所以，這不是最後一天。

「我們一定會再相遇。」我對善浩說。我相信，未來我和善浩會以不同的身份再次遇見。善浩看著我，若有所思地歪著頭。請原諒我的英文，沒有好到可以將哲學思想翻譯出來，但沒有關係，我對他微笑，總有一天他會明白。

抵達終點

從滿溢芬多精的森林走出來，已經來到城市邊緣，聖地亞哥－德孔波斯特拉的身影清晰可見，再不久就要進城了！我不敢相信，心中漾起一種異樣奇趣的思緒，「我真的走到了嗎？」此時，韓國旅伴傑伊、奉俊、西班牙人迪亞哥，真有緣，意外會合了，五個大男生，一路笑鬧地踏進聖城。

我開啟直播，與台灣的朋友分享這份喜悅，朋友們看見西班牙的城市景象，線上提問與鼓勵，我也逐一回答與感謝。眾人走著，不知不覺間，步伐輕快起來，大概是太興奮了，腎上腺素激增，完全不感到疲累。傑伊和迪亞哥領著大家快速前行，遠方已能看到主教堂的尖頂，我們雀躍地走在這千年古城的石板路上。

「聖城主教堂是這裡嗎？」直播鏡頭帶到一處修道院，石雕精緻絕美，線上的朋友問。我知道不是，卻沒有心思回應，不知為何，因為有種緊張、感動、快樂、茫然、焦慮、不捨的各種情緒混合在一起，我此生未曾體驗過。

街道上的人越來越多，途中未曾遇到的朝聖者也紛紛湧來，每個人都帶著喜悅的表情。這時的感受就像「貝殼紋路」一樣，來自世界各地的人，前往同個方向。我們五人默不作聲心照不宣，大家都知道快要抵達了。我幻想著走到廣場時的心情，心中有股聲音浮現：「再次複習艾瑞克的話，不要期待，這不是比賽。」

聖城教堂的鐘聲突然響起，聲音直衝雲霄，分貝穿透人心，宛如一種鼓勵，走完八百公里，引導著你走完最後幾步。我想起在奧塞布雷羅的九世紀教堂前，我恭敬地站立，合十默禱，祈願結束的一秒後鐘聲響起，我心震盪，彷彿感受到上帝聽見願望給予回應，就像此刻一樣，「宇宙中真的沒有偶然」。

一股不可置信的感覺油然而生，真的要到了嗎？不想抵達卻又想走到終點的矛盾情緒，糾纏不清。此時，鐘聲穿透內心，我的思緒正回顧路程點滴。眾人繼續前行，腳步不停，繞過一條小道，踏下灰黃色的石梯，一抬眼瞧見偌大的神聖廣場，令我震驚與感動，到了，真的到了，我終於到終點了！

抵達聖地亞哥－德孔波斯特拉主教堂時，鐘響依舊響徹，聲聲都是鼓勵！上路前不知在電腦中看過幾次照片，如今親臨，感受完全不同，無法言語！耶穌門徒聖雅各的長眠之地，主教堂採納羅馬式建築、綴以華麗絕美的巴洛克式風格，高聳神祕的哥德式設計，莊嚴肅穆，宏偉絕倫，輝煌身影，橫亙近千年，直攝人心。

她靜靜座落此地，等著每個有信仰的人，有祕密的人，想懺悔的人，要圓夢的人，陪他們重生，三座削尖的石製高塔，兩高一低，層次分明，陽光拂照下，就像一個光明使者高舉暖臂擁抱抵達的朝聖者，用愛溫熱每個人的心事。

我掉出眼淚，手足無措像個孩子。

幾個大男生在廣場上驚叫歡呼，喜悅聲此起彼落，真的到了！我們大家互相擁抱，互道祝福，講不出話，臉上堆滿笑意，眼角卻都紅紅地。眾多朝聖者陸續抵達，不同的時間線，像航跡雲，像朝聖路，大家在這相遇，許多人手舞足蹈，當場跳起舞，還有許多人搭著彼此的肩，圍繞成圈，低頭泣語，好像一個家庭，互相鼓舞完成朝聖之旅。

來自美國的特魯米、凱文、德國的理查、韓國的女生善雅、瑞士的父女檔馬丁都抵達了。每個抵達的朝聖者都會得到熱情擁抱的歡迎儀式，用胸膛的真實溫暖，恭喜撐到最後的人，盼願抵達的人把心事留置此地，勇敢重生。

我靜坐在廣場上，看著主教堂捨不得離開，我摟著背包，像摟著相互撐持的老朋友，天色正媚，周遭不時傳來爽朗的大笑，來自世界各地的朝聖者，在路上結伴幾時，後又分離，卻在終點處，熱絡人潮中再度瞥見熟悉身影，當然立刻驚叫出來，顧不得禮節直接扔下行囊，奔向彼此並深情擁抱。

那天極其幸運，位於被稱作雨區的聖城，陽光明媚，風和日麗。許多朝聖者「席地而躺」，用巨大的登山包作為軟墊，人們就這樣躺在千年的石板路上，既是日光浴，也能欣賞藝術價值極高的主教堂，回憶路上悲喜交參的故事。

從八百公里走到零公里，三十三天，我用了一百二十萬零二十九步，從聖讓－皮耶德波爾到了聖地亞哥－德孔波斯特拉，有人用了一百五十萬步，有人用不到一百萬步。

沒有關係，人生真的、真的、真的不是比賽！

所謂平行宇宙，就是從自己到另一個自己，每個念頭都會生出一個宇宙，只要轉念，地獄也能變成天堂。我從恨自己，恨世界，到原諒自己，原諒世界，再到感謝世界，感謝所有人，感謝宇宙。

生命是一場有目的的體驗，讓你認識自己，宇宙透過你，體驗祂自己，而輪迴是一種無限續命的遊戲，直到你玩懂為止。

佛陀說空，是要人們放下執念，不要緊抓著苦，沒有永恆不變的事物，唯一不變的只有你的心。佛經、聖經都是「一條路」，千年的哲思告訴人們，簡單就是快樂。

朝聖之路對我而言，就像從同心圓外圍走至圓心，直面內心，歸零，再睜眼，沒有同心圓了，只有無邊的路，去哪都行，但腳下再無清晰可見的黃色箭頭，少了箭頭多了茫然。接下來去哪呢？指引在哪呢？想起在寬恕之峰前，英國人史蒂夫曾說的心境「然後呢」？如出一轍。

這次，換成黃色箭頭跟著你，你重新上路，每踩一步，腳下都會新生黃色箭頭，直到肉體終點，檢視此生，結算罪孽、良善與收穫。

我不一樣了！活著體驗人生滋味，是件很美好的事情。

彌撒

迪亞哥告訴大家，彌撒要開始了，入教堂無法攜帶登山背包。眾人隨他找地方暫放，來到一間伴手禮商品店，有西班牙人在真方便，省去溝通時間，每人花點保管費，就邁開大步跑向教堂入口處，氣喘吁吁。

進門後，石製空間、木造陳設混合的氣息迎面而來，教堂內非常寧靜。神父就定位，透過麥克風開始演說與祈禱，語調速度和緩溫柔，讓信眾的心頓時沉靜下來。我聽不懂西班牙文，但閉眼感受神聖的氛圍環繞，還有巨大的管風琴聖音，伴隨著唱詩班，傳達出如天使般的美妙聲音。

八百公里以來，首次參加彌撒，原來感受是這樣的。期間有聖餅儀式，修女們協助分發給信眾，然後參與的人互相注視，眼神中滿是真誠，互相握手道祝福。我沒有親眼見到精采的香爐薰香儀式，但並不覺得可惜，留下一個念想，未來再體驗。

教堂穹頂處，陽光透過窗花直射地面形成光圈，仿佛是聖光，使教堂顯得更加神聖。彌撒儀式結束後，眾人開始參觀教堂，這裡不僅是信仰之地，也如同一座博物館，透過古蹟、遺跡、藝術品，讓後世的人們繼續追尋永恆的良善。

結束後，我決定犒賞自己，在聖城不再住庇護所，改住有浴缸的二星級旅館，一晚只要四十歐元，折合台幣約一千二百元，經濟實惠。旅伴們想去住教堂旁的五星級古蹟旅館，苦了三十多天，確實該好好慰勞自己。我告訴弟弟們，請他們好好享受，大家相約外頭再聚餐。後來他們取消五星級飯店的預定，跑來我這間旅館住。

情誼。

當晚大家相約聚餐，吃飯前先去一趟迪卡儂，它是預算有限的登山者好朋友，大家邊逛邊討論。傑伊問我還有沒有想買的東西，我說褲子，因為只剩下一件。善浩也參與討論，但我看了一眼新品的價錢，打消了念頭，身上這件應該能撐到回台灣。

36

刺青

聖地亞哥－德孔波斯特拉

- D34 -

- 今日公里數：6
- 今日步伐數：9,177
- 距 離 目 標：0 公里
- 今日心感傷：分別

清晨幾杯咖啡後，終於到了臨別時刻，傑伊要繼續走路，走去穆希亞（Muxia），菲尼斯特雷（Finisterre），世界的盡頭，善浩要去巴塞隆納，奉俊想跟我繼續待在聖城，但準備與瑞士父女檔一起出發去拉科魯尼亞（A Coruña）海濱城市，服飾品牌ZARA的發源地。

我們互相擁抱，男人間的擁抱很怕情緒黏膩，難以互訴情衷，但擁抱時間很長，身體貼合，很多想說卻說不出來。原來真心真意時，人會靜默，但感受會讓雙方瞬間理解，「我希望在你的人生旅途中，永遠 Buen Camino（一路平安）。」我跟弟弟們說。

事後，奉俊從海濱城市回來，送我一個皮夾並告訴我，新工作會用到，我很感動，連聲說謝謝，但令我意外的是，他說大家特地再去迪卡儂，其實是為了我，他們引導我看登山用品，是想看我還缺什麼，打算偷偷集資買來送我，沒想到我什麼都不要。

男人用心起來，連男人都害怕

奉俊與我在房內休息，他問：「在聖城，你想做什麼？」「刺青。」我說，「怎麼可能，真的嗎？你不像會刺青的人！」「我也覺得，我從來沒想過要去刺青。」我想要一個圖案，「貝殼上有黃色箭頭」，希望知道自己從哪來，最後去哪裡。

經過一間刺青店，毫無查詢，憑著感覺走進去，刺青師波利（Polly）蓄長髮扎起馬尾，燈光照下，髮色顯出銅金色澤，右手臂紋隻老虎，雖一臉鬍渣，但皮膚白皙透亮，反顯斯文之感，乍看下，有點像宗教電影中出現的使徒樣貌，我與他語言不通暢，憑著感受和交流，他下刺青筆速度快，兩個刺青，一大一小，兩小時內結束。

我把貝殼和黃色箭頭記錄在身上，伴隨一生，成為身體和心靈的指南針。

Hola! Buen Camino

出發前的行囊

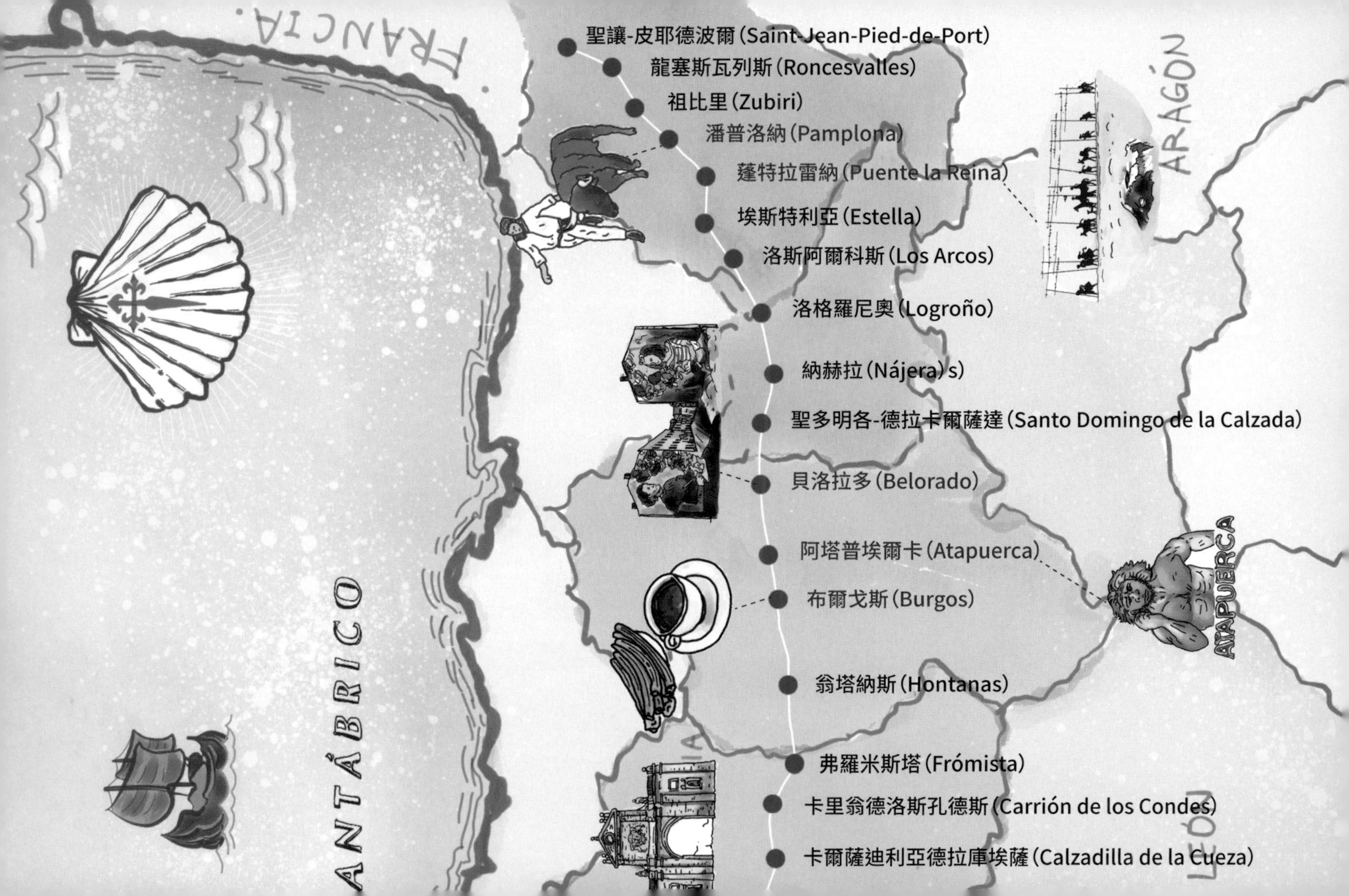

FRANCIA
ANTÁBRICO
ARAGÓN
ATAPUERCA
LEÓN
聖讓-皮耶德波爾 (Saint-Jean-Pied-de-Port)
龍塞斯瓦列斯 (Roncesvalles)
祖比里 (Zubiri)
潘普洛納 (Pamplona)
蓬特拉雷納 (Puente la Reina)
埃斯特利亞 (Estella)
洛斯阿爾科斯 (Los Arcos)
洛格羅尼奧 (Logroño)
納赫拉 (Nájera)s)
聖多明各-德拉卡爾薩達 (Santo Domingo de la Calzada)
貝洛拉多 (Belorado)
阿塔普埃爾卡 (Atapuerca)
布爾戈斯 (Burgos)
翁塔納斯 (Hontanas)
弗羅米斯塔 (Frómista)
卡里翁德洛斯孔德斯 (Carrión de los Condes)
卡爾薩迪利亞德拉庫埃薩 (Calzadilla de la Cueza)

Camino de Santiago
Camino francés
N
W
E
S
MAR
聖地亞哥-德孔波斯特拉 (Santiago de Compostela)
奧佩德羅佐 (O Pedrouzo)
阿爾蘇阿 (Arzúa)
梅利德 (Melide)
帕拉斯德雷 (Palas de Rei)
波托馬林 (Portomarín)
薩里亞 (Sarria)
特里亞卡斯特拉 (Triacastela)
奧塞布雷羅 (O Cebreiro)
別爾索自由鎮 (Villafranca del Bierzo)
蓬費拉達 (Ponferrada)
拉巴納爾德卡米諾 (Rabanal del Camino)
阿斯托加 (Astorga)
比利亞當戈斯德爾帕拉莫 (Villadangos del Páramo)
萊昂 (León)
ALACIA
PORTUGAL
CASTILL

巴約訥城市景致

聖讓－皮耶德波爾街景，紅簷白牆，景致遼闊

黃色箭頭出現，朝聖者就心安，它是八百公里的指南針

星光送的小橘子，
成為我首日很重要
的水分來源

快崩潰時，終於發現水龍頭，我跪趴在地上大口喝水，像沒喝過一樣

朝聖之路沿途的貝殼標誌

進入潘普洛納前，
在一個貝殼標誌上
發現「善心」

潘普洛納奔牛之城的一角

朝聖之路，部分路段積雪甚深，雪原冷冽

朝聖之路，部分路段綠意盎然，草原廣袤

冬日朝聖之路

大雪覆蓋方向標誌，朝聖者們沿途丟置石頭，以此接力創造新標示

大雪降臨，年逾六十的女朝聖者獨自前行

山中積雪覆蓋一切，席地而坐，冥想

神聖符號激勵往來的無數人們

雪中漫行的朝聖者身影好小，狂風凜冽，天色漆黑

霜雪就像張毯子，覆蓋整座城鎮和路途

有時會想，雪堆上的腳印好像「行動指南針」

否極泰來，冬日後必是春初，在平地上遇見花朵燦爛

牧羊人經過時，沙塵漫天，鈴噹聲響亮，動物氣息瀰漫

左起傑伊、奉俊、善浩

我們四人在庇護所的米色牆壁旁拍下剪影照，日出東方，我們有太陽做靠山

萊昂主教堂

萊昂主教堂內的窗花設計，真是藝術瑰寶

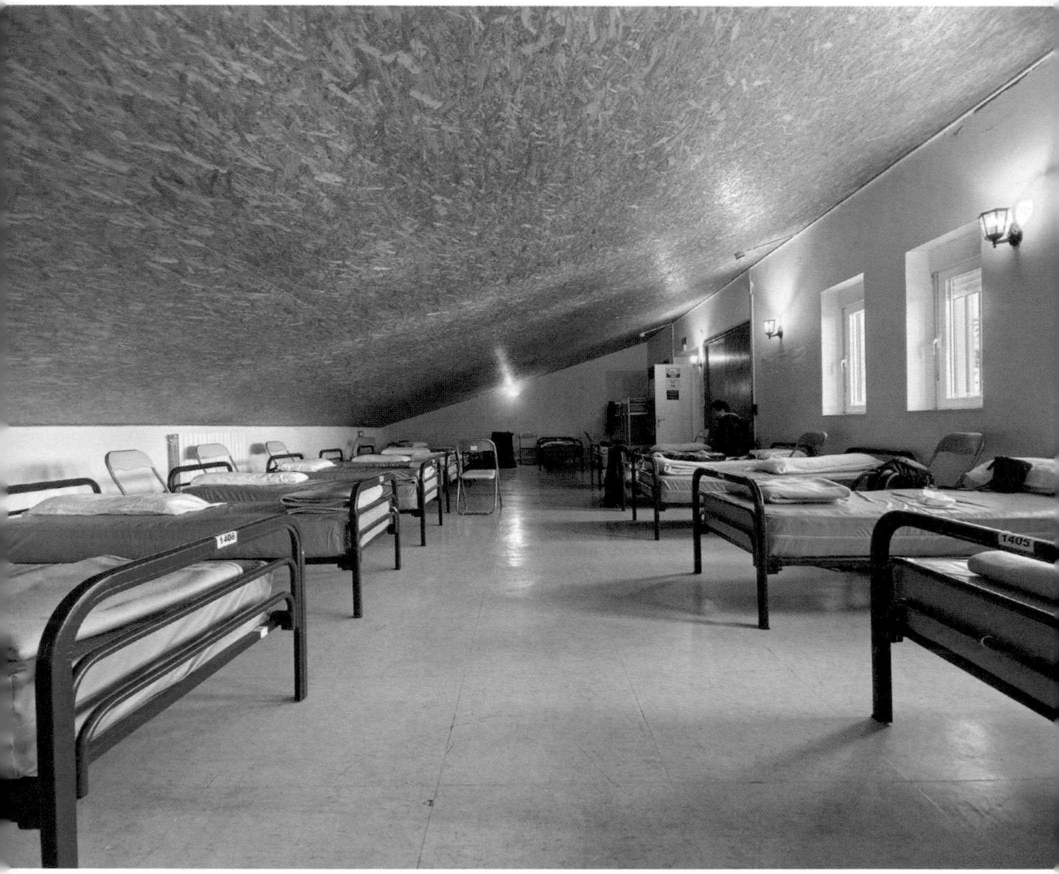

我很喜歡聖多明各－德拉卡爾薩達的庇護所，特色是斜斜的天花板，電暖器就在床鋪旁，無需爬上鋪

極具藝術感，此處為阿斯托加

著名景點鐵十字架山，朝聖者把隨身攜帶的石頭或代表物，置於此處，堆滿一地的心事

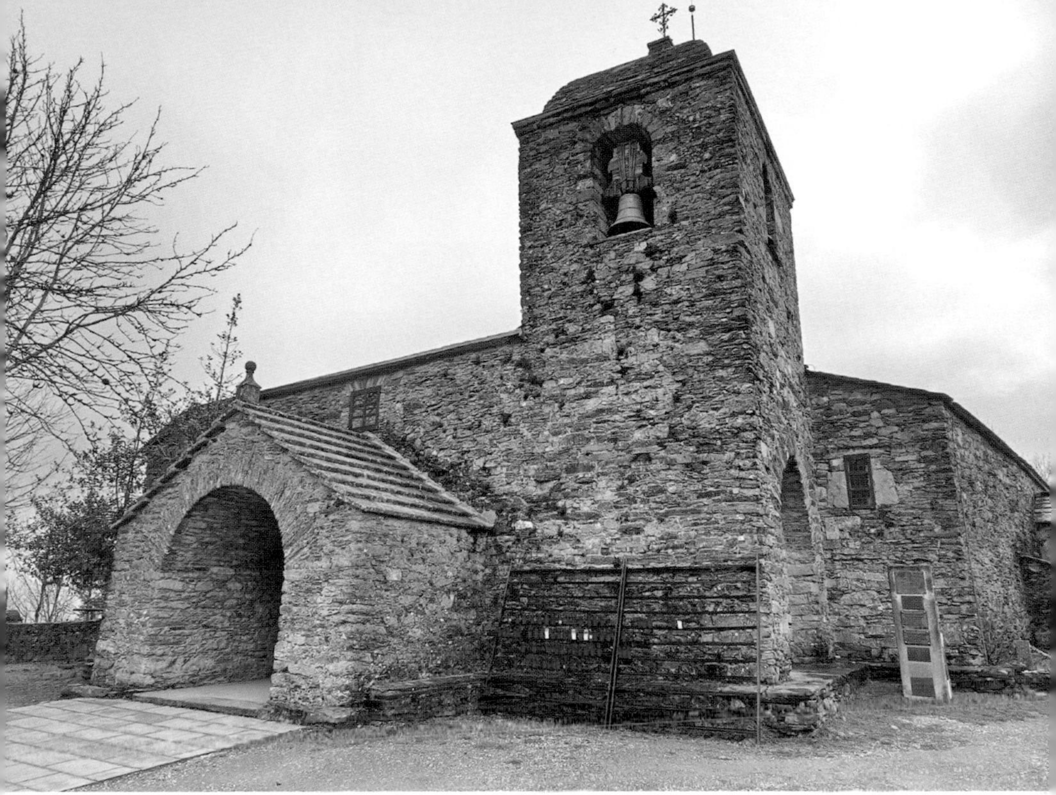

九世紀的奧塞布雷羅主教堂，朝聖路上最古老的教堂之一，擁有傳奇故事

從特里亞卡斯特拉出發，
遇到向左轉、向右轉

只要你足夠細心，常能在途中發現哲思

在波托馬林，眾人煮了泡麵，適逢庇護所關燈，大家以手機手電筒取光源，好像「泡麵夜店」

在特里亞卡斯特拉點的番茄醬、蛋、白米飯，很難忘的一餐

聖地亞哥－德孔波斯特拉的聖雅各大教堂，像一個光明使者，
張開雙臂擁抱無數人

抵達終點，直接累癱，大家笑

朝聖者躺在石板上，枕著行囊，
既是日光浴又能欣賞教堂

在聖地亞哥－德孔波斯特拉刺青，我把貝殼和黃色箭頭紀錄在身上

真正重要的，並不是朝聖證書，而是體驗過程

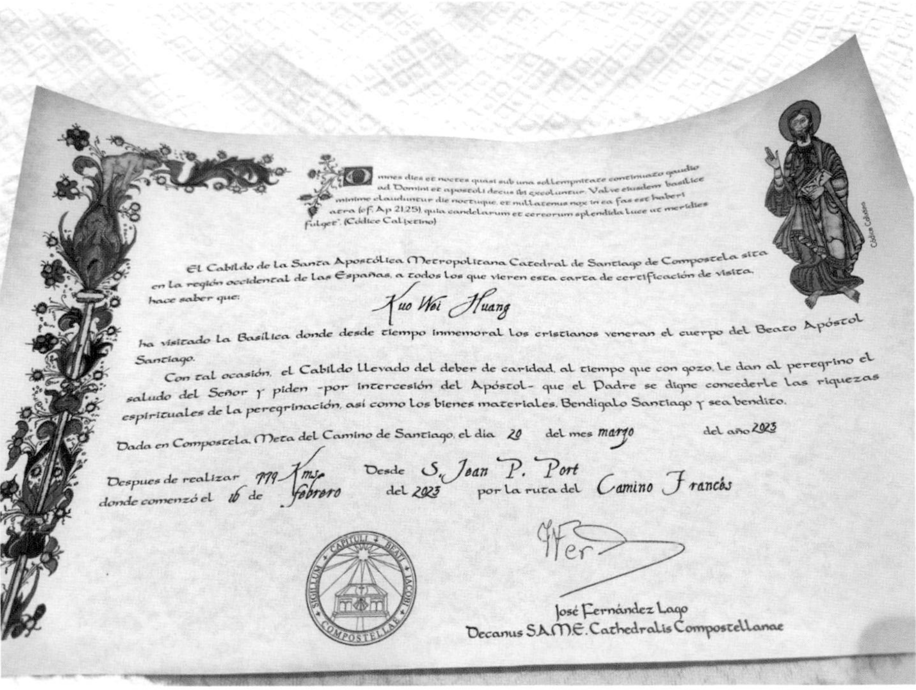

"Omnes dies et noctes quasi sub una sollempnitate continuato gaudio ad Domini et apostoli decus ibi excoluntur. Valve eiusdem basilice minime clauduntur die noctuque, et nullatenus nox in ea fas est haberi atra (cf. Ap 21,25), quia candelarum et cereorum splendida luce ut meridies fulget". (Códice Calixtino)

El Cabildo de la Santa Apostólica Metropolitana Catedral de Santiago de Compostela sita en la región occidental de las Españas, a todos los que vieren esta carta de certificación de visita, hace saber que:

Kuo Wei Huang

ha visitado la Basílica donde desde tiempo inmemoral los cristianos veneran el cuerpo del Beato Apóstol Santiago.

Con tal ocasión, el Cabildo llevado del deber de caridad, al tiempo que con gozo, le dan al peregrino el saludo del Señor y piden -por intercesión del Apóstol- que el Padre se digne concederle las riquezas espirituales de la peregrinación, así como los bienes materiales. Bendígalo Santiago y sea bendito.

Dada en Compostela, Meta del Camino de Santiago, el día 20 del mes marzo del año 2023

Despues de realizar 779 Kms. Desde S. Jean P. Port
donde comenzó el 16 de febrero del 2023 por la ruta del Camino Francés

SIGILLUM CAPITULI BEATI JACOBI COMPOSTELLAE

José Fernández Lago
Decanus S.A.M.E. Cathedralis Compostellanae

37

我出去走走

聖地亞哥－德孔波斯特拉

我在聖城待了三夜，其中一天，和朋友的好友蘇珊（Susan）聯繫上。她在這裡居住，有個男人味十足、愛小孩的西班牙老公麥克（Michael），他們的小孩天生擁有一張童星臉，眼睫毛彎彎細長，聰慧可愛，得天獨厚地擁有東西方的特色，融合出美麗的容顏。

蘇珊一頭俏麗且黑亮的短髮，線條俐落，身材修長。她的五官已帶有歐美感，外型美麗，具有東方女性的幹練與獨立性。蘇珊曾是個背包客，獨自一人遊覽中美洲，未知能帶來新視野，還有進入生命的新人，比如在德國遇到一西班牙男子，相戀，進而相濡以沫，緣分天注定。

自由之路

麥克和蘇珊請我吃飯，宴中分享了一段故事。他們曾在開車途中，看到一位單車男子坐在路邊吃長棍麵包，單車近乎解體，男子外型像個流浪漢，令人揣測著他的故事。關鍵是，單車上豎著中華民國國旗。蘇珊立刻調轉車頭返回找他，帶他回家，提供熱湯和食物，讓他好好休息一夜。

原來，這位男子放棄了一切，關閉在高雄經營的早餐店，對家人說「我要出去走走」，然後搭機至中國大陸，從福州騎單車到西安、新疆、烏魯木齊、穿越天山山脈、中亞、土耳其、義大利、法國、西班牙等地，橫跨歐亞大陸，在路上與蘇珊相遇，總行程超過一萬六千公里。

到底是瘋狂的人才正常，還是正常的人才瘋狂？不論輪迴是否真實，今生今世只有一次，無論是謹慎小心地生活，還是勇敢地乘風破浪，我們都擁有自己的選擇權。「愛自己的人生」是最好的選擇。

他腳不良於行，從小需穿矯正鐵鞋，像電影阿甘一樣，但他上路了，勇敢的靈魂好多，最後他在葡萄牙之路上，遇到一樣來自台灣的蘇珊，溫暖是很強的攻城武器，瓦解心房，加上家人與他聯繫，他決定結束萬里漂泊，回家了。

蘇珊一家的善良成了朝聖者的庇護所。我相信，那位男子的旅程仍將繼續，因為他在臉書上曾說：「如果你一直在意目前的處境，哪裡也去不了！」

38

奉俊

聖地亞哥－德孔波斯特拉 → 馬德里

在聖城的時間，除了抵達的首日有陽光外，全程風雨，可見我多幸運。我幾乎每天都到主教堂對面的屋簷下躲著風雨，倚著古蹟石牆席地而坐，臀股間傳來冰涼之感，但心熱熱地，因為能飽覽各國朝聖者抵達時的歡呼喜悅，重溫感動，回憶倒帶。

人生中的所有相遇，是宇宙給你機會，讓你好好把握，求個圓滿，沒有相欠。不同的靈魂，不同的時間線交會，又各自離去，神聖地，真的不只是教堂。

我原以為善浩會跟我待到最後，但善浩已前往巴塞隆納，意外的是，奉俊抵達聖城前私下問我計畫，我想遊覽一下這座古城，所以預計多待幾日，奉俊點頭未語，心中似有盤算，結果奉俊跟我一起住滿四天。

某日晨起，窗外足球場上傳來學童嬉鬧聲，風正爽朗，吹得白色窗紗飛揚，我還躺在床上，奉俊背對我，已著咖啡色西裝外套，那是他去 ZARA 特別購買，一身正經，我卻看出了他的心情，他說剛告別一段感情，原來是走朝聖路途中，接到女友來電探討未來，然後兩人決定分別。

他很男人，依舊背對我，我卻知道他在感傷，我想安慰，卻一下子掏不出話語，因為我知道二十九歲的他，帥氣聰明，未來鐵定還有美好感情，正想說些什麼，穿著西裝的奉俊，伸出手制止我說話，大概害怕潰堤，他要保持韓國大男生的優雅陽剛，房內安靜，窗外是學童踢足球的聲音，充滿生命力。

某日夜裡清寒苦雨，街上行人漸少，奉俊與我特別去找「祕密景點－光影朝聖者」，兩人在廣場邊上，倚牆手執啤酒，望著古城風雨，欣賞光影朝聖者變化，奉俊突然開口：「你對我來說很重要，像哥哥，像老師，有時聽你講話，我會覺得有力量，謝謝你。」

他接著說：「上路前，我以為我會一個人抵達終點，我到現在還記得，我們在哪裡遇到，然後我現在也有刺青了，真沒想過我也會去刺青，我很喜歡這個圖案的意義。我上路的原因，是想找到對生活的熱情。對了，還有一本小說，寫著聖雅各之路的故事，很吸引我，於是就上路了，而你寫的日誌，我會去按翻譯來看，所以我知道你踏了百萬步。」兩個男人打開心裡話。

「我一直覺得你很聰明，」我告訴奉俊，「我也記得，我們在一個早餐上遇到，想不到最後我們還在聖城。像朝聖路上第一個庇護所主人說的，不要期待，不要計劃，這條路就是有辦法改變一切，我知道你想找答案，也許我們要用很長的時間去找，但不要急，你已經上路了。」

「和你、善浩、傑伊一起走路的日子，會是我心裡很深的記憶，你還記得星光嗎？我有時想，她像一座橋梁，把我帶向你們，她是我在路上第一個朋友，正常來說，我可能會一直跟她走到底，但吵架的那晚，你們堅持把我找了出去，給我溫暖，此後我們一路走向終點，我很感謝星光。」我說。

「未來我會繼續上路，而我相信，我會在找答案的路上再次遇到你。」光影朝聖者靜靜聆聽，一動不動，風雨中兩個男人分享心事。

在聖城的最末一日早晨，我請奉俊吃早餐，然後陪他走到公車站，送他去葡萄牙波多（Porto）找德國人馬丁。當日陽光很溫暖，車子還沒抵達站所時，我椅著牆柱伸展筋骨，他默默地側拍一張照片，可能是想留下一張離別的影像。一台車駛進站內，是奉俊要搭乘的班次。

他走向我並認真地說：「我真不喜歡告別。」然後給我一個很深很長的擁抱，我告訴他：「在你的人生旅途上，我希望你永遠 Buen Camino（一路平安）。」

傑伊

可愛的弟弟善浩已回到韓國，在巴塞隆納時，特別拍了一張海邊的照片給我看，他穿著水藍色襯衫、白色長褲，真是帥氣，再傳了一張韓國料理的照片，下面附註一個訊息寫道：「終於！」意思是終於吃到家鄉味了，最後傳來一段話：「在路上遇到你，是我的幸運，我會把這段記憶保存在心裡，期待我們很快再相遇。」

傑伊依然是最幽默的那個朝聖者，一路上結交世界各國的朝聖者，把酒言歡，他特別傳來一段影片是在風雨中抵達「世界的盡頭」，他補充一句：「真的是非常糟糕的天氣。」影片中風雨很狂，他逆海風而行，幾度步伐難以邁開，他說，真的走不下去了，但後來，又補一張穆希亞很美的照片給我欣賞，那時已陽光普照。

傑伊是我們當中唯一一個走完全程的人。

送走奉俊的那天早上，我前往馬德里的火車站。途中，傑伊傳來了一張照片，是一間復古溫馨的咖啡店，桌上有一杯熱拿鐵。他說已經回到聖城，預計傍晚前往巴塞隆納，並問我在哪裡，我的心，還留在聖雅各之路上。

39

每條路都是朝聖之路

馬德里

火車行程將近四個小時，我抵達了馬德里（Madrid），轉乘了兩線地鐵，來到了大聖方濟各聖殿附近的旅舍。自動化的入住過程非常方便，唯一的缺點是我運氣不佳，事前拿到的入住號碼居然沒有用，我枯等了兩個小時，直到工作人員到達。

有時，程式並不如雙腳來得可靠。

馬德里的面積很大，達到六百零四平方公里，市內人口三百四十萬，整體人口約六百七十萬。也許是因為身體疲憊，缺少旅遊的心情，大部分時間我都在旅舍休息。

我參觀了普拉多博物館、麗池公園、阿穆納德聖母主教堂、馬德里王宮廣場，然後隨意在街上閒逛，吃了韓國料理、中國料理，喝了幾杯咖啡，品嘗了布朗尼，這就是我的馬德里之旅。

我能感受到所謂快樂，大概是因為「慢」，像吃東西，慢下來才有感受，若快，即便吃一餐米其林三星，囫圇吞棗，太可惜了，偏偏亞洲人的生活都是節奏快速，對什麼都是狼吞虎嚥。

美國人凱文曾問每個人一個問題：「完成朝聖之路後，要做的第一件事是什麼？」我在馬德里的街頭思考，還是沒答案，可能因為，「任何往心走去的路，都是朝聖之路，所以沒有終點，只有當下」。

為何上路

每個人來走聖雅各之路的原因都各不相同，例如：

✵ **韓國人星光（Starlight）**：我的身體狀況並不理想，腳部和肩膀都有些問題，對我而言，完成聖雅各之路，看起來不可能，所以我在這裡。

✵ **宏都拉斯人賽西（Cecy）**：我來是為了思考自己的人生選擇。

✵ **澳洲人大衛（David）**：有時候，你放棄一切，才能找到自己。

✵ **西班牙人奧茲（Ozzie）**：我來想想我到底想要什麼，我喜歡什麼，我的人生是什麼。

✵韓國人奉俊（Feng Jun）：我來是為了找尋答案和熱情。

✵韓國人善浩（Shan Hao）：只是來走路。

✵瑞士人馬丁（Martin）：一旦上了路，你就會愛上它。

✵美國人特魯米（Trumi）：我來是想看看會發生什麼。

✵肯亞的朝聖者：我也想知道為什麼我要來走這條路。

✵義大利人瑪蒂娜（Martina）：我很久以前就知道這條路了，剛好有時間，就過來了。

✵西班牙人卡洛斯（Carlos）：這是一條心靈之旅。

✵英國人史蒂夫（Steve）：起初只是想嘗試看看，沒想到我做得到，就繼續把路走完了。

✵日本人Riki桑：我想在畢業前做些什麼，而且我喜歡走路。

✵台灣人戴森（Dison）：就是來走路，我之前在日本走了一千公里，接下來想去韓國走走，在地圖上可以串成微笑曲線。

❋美國人安雅（Anya）：我剛告別一份工作，有空閒時間，我之前走過一部分，這次想把路走完。

❋台灣人小黃：尋找心靈的平靜。

八百公里的生命體驗與啟發

「管他去死，是一種生活哲學。」

「原諒，是減重的最好方法。」

「意志力是生命的彈性，能讓人再往下走一點點，一點點就會發生很多事。」

「上坡路之後，一定是下坡，沒有例外。」

「自在的人，走到哪都安好，別人的眼光，是別人的事。」

「Hola」

「牛頓第三運動定律」
「留下來，看得見。」
「最好的保暖，是前進。」
「人世裡能有一段並肩而行，是宇宙的祝福。」
「緣分是生命流轉間的業力發威。」
「人生有時是選擇題，選了就安好自在。」
「放棄小我，大我才能出現；不期待，才深刻。」
「世界是面鏡子。」
「溼透了，就不怕雨。」
「有時你以為迷路，其實是捷徑。」
「努力上坡，開心下坡。」
「風雨冰雹後，將有溫暖。」
「向左轉，向右轉，是一樣的路。」

「除非死了，否則沒有永遠平坦的路線。」

「人生是一場破自己關的遊戲，最好的途徑是利他與分享。」

「走得越遠，回到原點。人生，也許是逆向的，回到出發的地方。」

謝謝自己，也謝謝你和妳，鼓勵我，伴我上路，完成一段旅途，非常感謝，願我們都能找到自己的黃色箭頭和貝殼。

我永遠都在路上，我永遠都在上路。

40

謝誌

台北

走完八百公里，終於明白，最遙遠的距離，始於腳下。

這本書，不是遊記攻略，不是觀光指南，而是日記，記錄一個人，從自卑，討厭世界、討厭周遭、討厭自己，再到愛自己，接受一切，心懷感謝。

你走過的路，飽覽過的風景，品嘗過的滋味，愛恨過的人們，累積出你的模樣，這是真實的你，而非社經地位，存摺厚度，或者外人對你的評價。

我以為只是一個人的小小旅程，未曾想透過書寫心境，卻能默默影響其他人，而每個人都是如此，你未注意的小善意也能產生大驚喜。

我終於相信，每個人都是為愛而生，來到地球上，不管是平凡無味的活著，還是驚滔駭浪、跌宕起伏的人生，最終目的，僅僅是為了自己的圓滿，為了愛，就這樣單純。

活著真不容易，但我相信，我們來到這裡，或者成為現在這樣子，都是有原因。

人像一部手機，身體是硬體，磕碰壞了還能送修；心靈是軟體，壞了，最好的方法是一鍵恢復「原廠設定」。

你會翻開這本書，可能也是注定，如果你現在因某事很痛苦，請先靜下來，感受一下，那個情緒背後的原因是甚麼，如果人生如戲，寫劇本的人若是自己，那麼目的是甚麼，希望獲得或丟掉甚麼？

然後，「管他去死」、「不要期待、不是比賽」，出去走走，去哪都好，跟自己約會，尋找療癒。

人生是一條很漫長的路，走越長的路越容易迷路。

迷路時，你會有感受，「這條路好像不對」、「好像是反方向」、「我跟他越來越沒有話說」、「我不知道自己要什麼」、「我不知道喜歡什麼」、「我覺得工作好乏味」、「我覺得生活好無聊」、「我不知道未來要幹嘛」、「我一直在假裝過得很好」、「我沒有勇氣」、「我究竟是誰」……。

迷路，轉念一下，也許是「迷人的路」，走到叉路上風景不同，但有沒有可能如同我的故事，迷路，其實是捷徑？走得越遠，回到原點，人生是逆向的，回到我們出發的源頭。

你有找到屬於你的黃色箭頭嗎？

走在路上，我思考最多的課題，就是自己、生命與世界。世界真是一面鏡子，反照出你自己，祂也是一座遊樂園，讓你嘗試一切，更是每人獨有的大型投影布幕，投射許多苦痛，就會看見悲劇，投射慾望，就會看見沉淪，投射愛，就能看見天堂。

因隱私問題，故事中的部分人名經化名或譯名，保護其個資。最後，感謝爸媽、女友、好友蕭湘怡的引薦和督促、Norah的協助與指導、時報出版、朝聖之路上的每個旅伴、聖雅各、觀世音菩薩、「修女也瘋狂」群組中每個人的鼓勵，我才能將三十多天的美好，集結起來，與你分享，祈願我們都能無愧當下，不虛此行。

人生散步叢書 022

冬日朝聖之路：說走就走，管他去死

作　　者—黃國瑋
主編暨企劃—葉蘭芳
封面設計—FE設計葉馥儀
內頁設計—張靜怡
內頁插畫—Littse

董 事 長—趙政岷
出 版 者—時報文化出版企業股份有限公司
一〇八〇一九臺北市和平西路三段二四〇號三樓
發行專線—（〇二）二三〇六—六八四二
讀者服務專線—〇八〇〇—二三一—七〇五
（〇二）二三〇四—七一〇三
讀者服務傳真—（〇二）二三〇四—六八五八
郵撥—一九三四四七二四時報文化出版公司
信箱—一〇八九九臺北華江橋郵局第九九信箱
時報悅讀網—http://www.readingtimes.com.tw
法律顧問—理律法律事務所　陳長文律師、李念祖律師
印　　刷—勁達印刷有限公司
初版一刷—二〇二四年四月二十六日
初版二刷—二〇二四年五月八日
定　　價—新臺幣四〇〇元

時報文化出版公司成立於一九七五年，
一九九九年股票上櫃公開發行，二〇〇八年脫離中時集團非屬旺中，
以「尊重智慧與創意的文化事業」為信念。

冬日朝聖之路：說走就走，管他去死／黃國瑋（小黃）文 . -- 初版 . -- 臺北市：時報文化出版企業股份有限公司, 2024.04
320面；14.8×21公分 . --（人生散步叢書；022）
ISBN 978-626-396-107-4（平裝）

1. CST：遊記　2. CST：西班牙

746.19　　113004120

ISBN 978-626-396-107-4
Printed in Taiwan